Martin Stahlmann | Volker Pudzich

Effektiv lernen, arbeiten und präsentieren

Ein Methodenset für Heilpädagoginnen und Heilpädagogen in Ausbildung und Beruf

Martin Stahlmann | Volker Pudzich
Effektiv lernen, arbeiten und präsentieren
Ein Methodenset für Heilpädagogen in Ausbildung und Beruf

ISBN: 978-3-942484-07-7

Hrsg.:
BHP Verlag
BHP Berufs- und Fachverbands GmbH
Michaelkirchstr. 17/18
10179 Berlin
Tel.: 030/40605060
Fax: 030/40605069
eMail: info@bhponline.de

Satz, Abbildungen und Umschlaggestaltung:
double-A-design.de, 24811 Owschlag

Druck:
Druckhaus Berlin-Mitte GmbH, 10117 Berlin

Auflage:
800

In diesem Buch verwendete Symbole

Um die Aufnahme des behandelten Stoffes zu erleichtern, werden in diesem Buch durchgehend bestimmte Symbole und Formatierungen verwendet:

Ziel Hinweis auf ein zu erreichendes Ziel

Tipp Tip zur praktischen Umsetzung.

! **Das ist ein Merksatz.**

Übung
Hier wird Ihnen eine Übung zur Vertiefung des gerade behandelten Themas vorgeschlagen.

Hinweis auf eine andere Stelle im Buch oder eine externe Quelle.

oder

Beispiel, welches das zuvor behandelte Thema exemplarisch erläutert.

Hinweis zur Gender-Formulierung:

Bei allen Bezeichnungen, die auf Personen bezogen sind, meint die gewählte Formulierung beide Geschlechter, auch wenn aus Gründen der leichteren Lesbarkeit nur eine der beiden Formen gewählt wurde.

Vorwort

Visualisieren, Präsentieren, Referate halten, Projekte durchführen, Hausarbeiten schreiben – solche Herausforderungen in der heilpädagogischen Aus-, Fort- und Weiterbildung sowie auch der heilpädagogischen Praxis gibt es viele.

Doch haben wir in unserer eigenen Praxis als Ausbilder oft genug gemerkt, dass es **das eine Buch**, worin sich alle wichtigen methodischen Tipps und Hinweise finden lassen, leider nicht gibt. Aus der Not geboren haben wir diejenigen Materialien, die in der Theorie und Praxis der Heilpädagogik (aber auch verwandter Disziplinen) verwendet werden, zusammengetragen, einer eigenen Prüfung und Modifizierung unterworfen und nun als Buch vorgelegt.

Im ersten Kapitel finden Sie als Auftakt eine Beschreibung von Mindeststandards für Heilpädagogisches Handeln. Das zweite Kapitel widmet sich methodischen Planungshilfen bevor dann im Weiteren ein vielfältiges Methodenset aufgefächert wird.

Ziel des Buches ist nicht, eine wissenschaftlich umfassende Darstellung zu liefern, sondern vielmehr eine an der Praxis von Ausbildung und Beruf orientierte Sammlung methodischer Elemente bereitzustellen und damit einen Beitrag zur Qualitätssicherung und -entwicklung zu liefern. Auch können die Materialien helfen, heilpädagogisches Handeln transparenter, nachvollziehbarer und verbindlicher werden zu lassen. Sie sind insofern ein Teil der Standards heilpädagogischer Praxis.

Die inhaltliche und didaktische Aufbereitung der Themen ist derart gestaltet, dass der Leser schnell auf die entsprechenden methodischen Elemente zugreifen und sie sich effektiv erarbeiten kann. Wir hoffen und wünschen uns, dass die vorliegende Handreichung sowohl Studierenden und Lehrenden in der Aus-, Fort- und Weiterbildung als auch Praktiker/innen eine hilfreiche Stütze sein wird.

Dank zu sagen gilt es Alexander Hahl (double-A-design) für Beratung und Layout, Wolfgang van Guljk als Geschäftsführer des Berufs- und Fachverbandes Heilpädagogik, der das Projekt unterstützt und begleitet hat, sowie vielen Kolleginnen und Kollegen und Schülerinnen und Schülern, die mit Rat und Tat zur Seite standen.

Martin Stahlmann | Volker Pudzich

Westerrönfeld | Radolfzell im Herbst 2012

1

1. Was leistet Heilpädagogik? Entwurf von Mindeststandards für Heilpädagogisches Handeln[1]

1.1 Einleitung

Die Notwendigkeit einer Ausformulierung von Leistungsmerkmalen heilpädagogischen Handelns ergibt sich zum einen aus der allgemeinen Diskussion um das Sozialgesetzbuch (SGB) IX und der Frage danach, was heilpädagogische Leistungen (SGB IX §56) auszeichnet. Mit der neuen Begrifflichkeit (Leistungen statt Maßnahmen [Bundessozialhilfegesetz, BSHG 39/40 und Eingliederungshilfeverordnung, EinglhVO § 11 alte Fassung]) hat der Gesetzgeber zwar eine Anpassung an den aktuellen Sprachgebrauch vollzogen, aber gleichzeitig auch ein Problem geschaffen in der Weise, dass – wie es von prominenter Seite immer wieder kritisch bemerkt wird (vgl. Speck 1999 sowie seinen Vortrag auf der November-Tagung des Berufs- und Fachverbandes der Heilpädagogen e.V. / BHP) – ein Duktus in die fachliche Diskussion hat Eingang nehmen können, der vielen Kolleginnen und Kollegen problematisch erscheint.

Zum anderen jedoch liegt - jenseits dieser Debatte - eine Notwendigkeit darin, heilpädagogisches Handeln transparent und nachvollziehbar zu gestalten und somit zu einer höheren Professionalität und Qualität in der Arbeit zu gelangen. Es ist dieser Aspekt, der uns motiviert hat, entsprechende Standards zu formulieren. Die besondere Herausforderung lag und liegt darin, fachlich-inhaltliche Aspekte mit formal-strukturellen in Einklang zu bringen. Daher basieren die hier formulierten Standards auf einem ausgebreiteten Theoriefundament, das in der BHP-Info von Martin Stahlmann entfaltet worden ist (vgl. Stahlmann 2002, S. 45, dort auch weitere Literaturhinweise zur Problematik) und u.a. auf Überlegungen von Bach (1995) und Ondracek / Trost (1998) zurückgeht. Der Fokus liegt zwar auf der methodischen Ebene der außerschulischen Heilpädagogik.[2] Es sei aber darauf hingewiesen, dass Standards, die (nur) die methodische Ebene umfassen, notwendigerweise zu kurz greifen. Die grundlegenden theoretischen Überlegungen können hier nicht weiter erörtert werden, so dass auf die einschlägige Literatur verwiesen werden muss.

Unter „Heilpädagogik" verstehen wir, quer zu allen fachwissenschaftlichen Definitionsversuchen, die Begleitung von Menschen (mit Behinderungen oder von Behinderung bedroht) mittels eines langsamen, ganzheitlichen Prozesses, damit diese(r) möglichst selbstständig und selbstbestimmt nach seinen / ihren individuellen Möglichkeiten sein / ihr Leben gestalten kann. Dabei geht es, ganz im Sinne einer inklusiven Pädagogik, auch um die Sicherung der gleichberechtigten Teilhabe am Leben in der Gesellschaft. Die Heilpädagogin / der Heilpädagoge ist vor diesem Hintergrund ein/e „generalisierte(r) Spezialist(in)", ein(e) Experte/in in Beziehungs- und Moderationsarbeit.

1.2 Charakteristika von Standards

Die Grundidee ist, dass diese Standards für alle Heilpädagogen und Heilpädagoginnen „verbindlich" sind. D.h., „Dritte" (z.B. Eltern oder Angehörige, Mitarbeiter/innen auf Ämtern) können die unten beschriebenen Leistungen mindestens von professionellen Heilpädagogen und Heilpädagoginnen erwarten. Sie sollen heilpädagogisches Handeln transparent und nachvollziehbar machen und Leistungen festschreiben. Sie sind so formuliert, dass sie als Leistungsangebot der Heilpädagogen/innen zu verstehen und auf verschiedene Arbeitsfelder und Altersgruppen übertragbar sind.[3]

Letzten Endes sei darauf verwiesen, dass jeder der folgenden Aspekte seinerseits wiederum theoretisch problematisiert, diskutiert und / oder präzisiert werden könnte – z.B. in Form eines

---

1 *Dieses Kapitel ist eine überarbeitete Fassung von: Pudzich / Stahlmann 2002a/b. Ein besonderer Dank geht an die Oberstufen des Jahres 2002 der Fachschule für Heilpädagogik / Neumünster, die maßgeblich an der Arbeit mitgewirkt haben.*

2 *Inwieweit Parallelen zur schulischen Heilpädagogik / Sonderpädagogik zu ziehen sind wäre weiter zu diskutieren.*

3 *Ähnliche Strukturen heilpädagogischen Handelns finden sich auch in der einschlägigen Literatur (vgl. z.B. Köhn 1998).*

für alle verbindlichen strukturierten Beobachtungsbogens. Allerdings sollte man im Sinne einer eigenverantwortlichen Flexibilität eine Standardisierung nicht zu weit treiben und die Möglichkeit offen lassen, individuelle, situative und örtliche Bedingungen berücksichtigen zu können.

1.3 Struktur heilpädagogischen Handelns

Die folgende Übersicht versucht, die wichtigsten Elemente heilpädagogischen Handelns darzustellen. Dabei muss bedacht werden, dass sie einzelnen Schritte nie trennscharf voneinander zu betrachten sind, sondern in der Praxis ineinander verwoben sind. Auch ist uns wichtig darauf hinzuweisen, dass - schon aus systemischer Perspektive heraus - die Arbeit mit dem Klienten gleichwertig ist mit der Arbeit mit Eltern und / oder Angehörigen.

I. Heilpädagogische Diagnostik / Prozessdiagnostik / Förderdiagnostik

II. Erstellung eines Förderplans/Begleitkonzepts

III. Mitwirkung am Gesamtplan (§ 58 SGB XII) bzw. Hilfeplan (SGB VIII § 36; s.a. SGB IX § 10)

IV. Interdisziplinäre Zusammenarbeit

VII. Weiterentwicklung von Konzepten und Konzeptionen

V. Methodische Planung und Durchführung von Begleitung / Förderung	VI. Elternarbeit / Elternbegleitung / Arbeit mit Angehörigen / Beratung

VIII. Evaluation / Qualitätsentwicklung

Abbildung 1.1: Struktur heilpädagogischen Handelns

1.4 Standards für die aufgezeigte Grundstruktur heilpädagogischen Handelns

Heilpädagogische Diagnostik

Ziel

Ziel: Im Rahmen der Förder- / Prozessdiagnostik die Erstellung einer heilpädagogischen Stellungnahme als

- Grundlage für das praktische heilpädagogische Handeln,
- Grundlage für Anträge,
- Basis für die Erstellung eines Kompetenz- / Entwicklungsprofils unter Berücksichtigung der individuellen Stärken, Besonderheiten sowie der Ressourcen.

a) Anamnese

- standardisierter Elternfragebogen,
- Elterngespräche / Gespräche mit anderen Bezugspersonen, Berücksichtigung medizinisch-psychiatrischer Sachverhalte (Gutachten, Vorsorgeheft etc.),
- Anbahnung interdisziplinärer Zusammenarbeit.

b) Heilpädagogische Diagnostik

ba) Kindbezogen

- freie Beobachtung,
- differenzierte Beobachtung in Bezug auf die einzelnen Funktions- und Entwicklungsbereiche des Klienten,
- strukturierte, standardisierte Beobachtungsbögen,
- Entwicklungsdiagnostik / Testverfahren.

bb) Umfeldbezogen

- Analyse des sozialen Netzwerkes,
- „systemische" Diagnostik (bezogen z.B. auf das Familiensystem),
- Berücksichtigung der Perspektiven des Klienten und seiner Eltern / Geschwister,
- interdisziplinäre Gespräche und Exploration.

Förderplan / Begleitkonzept

Ziel

Ziel: Auf der Basis der heilpädagogischen Diagnostik wird zunächst eine Arbeitshypothese und anschließend ein Begleitkonzept (Förderplan) erstellt, das das Ziel verfolgt, zielgerichtetes und angemessenes Arbeiten auf einer soliden Basis zu ermöglichen. Die Arbeitshypothese ist immer nur vorläufig und bedarf der kontinuierlichen Überprüfung. Das Begleitkonzept ist gleichermaßen Grundlage für Hilfeplangespräche und Kontroll-, Dokumentations- und Evaluationsinstrument.

Es beinhaltet Informationen bezogen auf mindestens folgende Aspekte:

- Ist-Stand
  - Gesamtpersönlichkeit des Klienten (das sind mindestens: Wahrnehmung: visuelle, auditive, olfaktorische, gustatorische, kinästhetische, vestibuläre und taktile Wahrnehmung; Motorik, Kognition, Spiel, sozial-emotionaler Bereich, Sprache, ggf. Selbstständigkeit, Kulturtechniken, Lern- und Arbeitsverhalten, ...),
  - Umfeld (Familie, Institution, in der das Kind betreut wird, soziales Netzwerk),
  - laufende Hilfen (z.B. Ergotherapie, Physiotherapie, Logopädie),
  - Stärken und Besonderheiten (Übersicht).

- Zielsetzung, bezogen auf
  - den Klienten,
  - das Umfeld (z.B. Eltern, Geschwister, Netzwerk),
  - ggf. Institution bzw. deren Mitarbeiter/innen,
  - die eigene Person,
  - ausgehend von den klientenbezogenen Stärken und Besonderheiten unter Berücksichtigung der Ressourcen.

- Pädagogisch-therapeutische Maßnahmen:
  - orientiert an den Stärken und Ressourcen des Klienten,
  - Unterstützung des Umfelds: Familie, Angehörige, soziales Netzwerk,
  - Elternberatung / Arbeit mit Angehörigen / Erziehungsberechtigten / Elternbegleitung,
  - inter- / transdisziplinäre Zusammenarbeit.

!

Anforderungen an die Zielsetzungen:
differenziert, konkret, zeitlich begrenzt, überprüfbar

Bereiche	Auditive Wahrnehmung	Visuelle Wahrnehmung	Motorik	Sprache	...	Team	...	Eltern
Ist								
Wirkungsziel								
Handlungsziele								
Indikatoren								
Pädagogisch-therapeutische Maßnahmen								

Abbildung 1.2: Ausschnitt aus einer tabellarischen Darstellung eines Begleitkonzepts

Mitwirkung am Hilfeplan / Gesamtplan

Ziel ist eine möglichst zeitnahe, den Bedürfnissen des Klienten entsprechende Hilfe unter Berücksichtigung der unterschiedlichen Positionen zu erreichen. Dem Aspekt der Partizipation der Betroffenen ist eine hohe Priorität einzuräumen.

Ziel

Die Aufgabe des / der Heilpädagogen/Heilpädagogin besteht darin, sich entsprechend der hier festgelegten Mindeststandards vorzubereiten und im Rahmen der Hilfeplan- / Gesamtplangespräche fundierte Vorschläge für ein weiteres Vorgehen zu unterbreiten.

Es empfiehlt sich – natürlich unter Wahrung der Schweigepflicht – Entwicklungsberichte oder ähnliche wichtige Informationen bereits im Vorfeld den entsprechenden Kolleg/innen zukommen zu lassen.

Interdisziplinäre Zusammenarbeit

Ziel ist ein sinnvolles, abgewogenes Ineinandergreifen der verschiedenen Hilfen und Professionen zum Wohle des Kindes. Hierzu gehört u.a.:

Ziel

- Initiieren von Zusammenarbeit,
- Regelmäßiger Austausch und Abgleich der Hilfen,
- Koordination der Hilfen,
- Vertretung und Darlegung des eigenen Begleitkonzepts / Förderplans,
- Transparenz der eigenen praktischen Arbeit,
- Ggf. Weiterführung von Fördermaßnahmen anderer Disziplinen,
- Kompetenztransfer,
- Teamarbeit.

Methodische Planung und Durchführung eines Angebotes

Ziel

Ziel: Die konkrete methodische Planung – hier bezogen auf die Arbeit mit dem Kind – basiert, ausgehend von dem umfassenden Begleitkonzept / Förderplan sowie ggf. den in der Hilfeplankonferenz getroffenen Maßnahmen, auf Entscheidungen hinsichtlich der / des:

- Theorie/Methode,
- zu fördernden Entwicklungsbereichs / heilpädagogischen Schwerpunkts,
- Sozialform (Einzelförderung - Gruppe),
- Ort/Zeit (Tag-Woche),
- Zeitleiste der Begleitung/Förderung (langfristige Planung),
- Ziele (Wirkungsziel, Handlungsziele, Indikatoren),
- Zeitplanung bezogen auf die Stunde/Betreuungseinheit,
- Materials/Medien,
- Methodisch-didaktischen Überlegungen,
- Reflexion der Planung und Durchführung,
- Dokumentation,
- Evaluation.

Dieses Raster bietet einen Rahmen für geplantes, zielgerichtetes heilpädagogisches Handeln, ist jedoch als so flexibel zu betrachten, dass eine Orientierung an den aktuellen situativen Bedürfnissen, Wünschen sowie der psychosozialen Lage des Klienten prinzipiell möglich ist.

Elternarbeit / Elternberatung / Elternbegleitung / Arbeit mit Angehörigen

Ziel

Ziel ist es, die Entwicklungsmöglichkeiten des Klienten zu maximieren, Stärken und Ressourcen im (Familien)System und sozialen Netzwerk zu nutzen, Eltern für die gemeinsame Förderung/Begleitung zu gewinnen sowie das Schaffen einer gemeinsamen Basis zur Entwicklungsbegleitung des Klienten. Die folgenden Punkte werden getragen von der/ dem

- Überzeugung, dass Eltern die „Experten" bezüglich der Belange ihrer Kinder sind,
- Respekt vor der Autonomie der jeweiligen Lebenswirklichkeit und
- Auffassung, dass die Verantwortung für das Kind letzten Endes bei den Eltern verbleibt.

Im Einzelnen gehören hierzu u.a.

- Regelmäßige Gespräche,
- Hausbesuche,
- Klärung der gegenseitigen Erwartungen,
- Transparenz und Begründung der eigenen Arbeit im Kontext des Auftrags,
- Hilfen zur Reflexion der Elternrolle,
- Aufklärung über Behinderung/ Beeinträchtigung,
- Hilfen zur Alltagsbewältigung,
- Hilfe zur Selbsthilfe,
- Netzwerkarbeit,
- Vermittlung von Kontakten z.B. zu Selbsthilfegruppen,
- Begleitung der Eltern zu Ärzten, Behörden etc.,
- gemeinsame Planung und Zielvereinbarung,
- Perspektiven entwickeln.

Weiterentwicklung von Konzepten und Konzeptionen

Ziel

Ziel: Heilpädagoginnen und Heilpädagogen müssen ihre Konzepte (bezogen auf die je spezifischen Anforderungen einer heilpädagogischen Leistung) und Konzeptionen (als übergeordnete, strukturierende Aussagen bezüglich eines heilpädagogischen Angebots [Einzelintegration, Integrationsgruppen, ambulante Maßnahme etc.]) fortlaufend an fachliche und praktische Erfordernisse anpassen und überprüfen.

Ziel sollte sein, dem Klienten / der Gruppe die je optimalen Voraussetzungen für eine gelingende Förderung/Begleitung anzubieten.

Folgende Aspekte spielen aus der Sicht der Heilpädagogik eine entscheidende Rolle:

- Informationen über unterschiedliche Konzepte und Konzeptionen,
- Weiterentwicklung, Überprüfung und Anpassung der eigenen Konzepte und Konzeptionen,
- Festlegung eines Überprüfungszeitpunkts,
- Entwicklung von Konzepten und Konzeptionen im Team ggf. unter Einbeziehung von Betroffenen Klienten und Eltern,
- Erstellen einer Stellenbeschreibung,
- Darstellung des persönlichen heilpädagogischen Konzepts,
- Darstellung der trägerspezifischen Konzeption,
- Darstellung der heilpädagogischen Auffassung von Integration, Inklusion und Teilhabe,
- Formulierung: transparent, verständlich, prägnant, ansprechendes Layout.

Evaluation und Qualitätssicherung

Ziel

Ziel: Um sicher gehen zu können, dass die heilpädagogische Leistung ihre Ziele auch erreicht, ist die Einbindung in ein Qualitätsentwicklungsverfahren verbunden mit Methoden der Evaluation unverzichtbar. Hierzu gehören u.a.

- Dokumentation,
- regelmäßige systematische Überprüfung von Zielen und Methoden, unter Einbeziehung der Klienten und Bezugspersonen
- Bereitschaft zu Supervision,
- regelmäßige Fort- und Weiterbildung.

Die in diesem Buch enthaltenen Materialien können dazu beitragen, heilpädagogische Arbeit in diesem Sinne effektiv und qualitativ hochwertig zu gestalten.

2

2 Planen und Durchführen – Methodische Planungshilfen

2.1 Methodik und Didaktik

Heilpädagogik ist Erziehung unter erschwerten Bedingungen (Paul Moor). Dabei geht es u.a. um Wertungs-, Planungs- und Handlungsvorgänge für das Erreichen bestimmter Zielvorstellungen, die überprüfbar sein sollten. Dazu bedarf es eines systematischen Vorgehens. Methodik und Didaktik sind in der (Heil)Pädagogik Dreh- und Angelpunkt des praktischen Handelns. Sie sind das Verbindungsglied von Theorie und Praxis. Eine gute didaktisch-methodische Planung dient u.a.

- der eigenen Sicherheit und Klarheit im praktischen Tun (ich weiß, was ich tue...),
- der Reflexion und Evaluation,
- der Legitimation des eigenen professionellen Handelns (... und kann es begründen),
- als Grundlage für ein Gespräch mit Klienten zur Ausgestaltung konkreter (heil)pädagogischer Begleitung.

Während im schulischen Kontext oft Lehrpläne zur Planung von Unterricht herangezogen werden können, sind in der (Heil)Pädagogik Beobachtung und heilpädagogische Diagnostik (mitunter auch Hilfepläne) die Basis, auf der Didaktik und Methodik weiterentwickelt werden.

Beachte: Diagnosen / Beobachtungen beschreiben nur, „was Sache ist". Sie können aber nicht festlegen oder empfehlen, „was Sache sein soll". Somit kann man auch in der Heilpädagogik durch Diagnosen zwar Gegebenheiten, Sachverhalte oder Konstellationen erfassen. Man kann mit ihrer Hilfe aber nicht das Wünschenswerte / Veränderungsbedürftige von Zuständen erfassen, pädagogische Ziele erkennen oder empfehlende Hinweise für pädagogische Maßnahmen und Methoden erhalten. Dies ist Aufgabe von Didaktik und Methodik. Und: Wie der Mensch sein soll, also das eigene Menschenbild, ist entscheidend dafür, welchen Plan die (Heil)Pädagogin / der (Heil)Pädagoge zur Erreichung dieses Zieles entwickelt (vgl. Köhn 1998). Dabei ist grundsätzlich zu beachten, dass die konkrete Umsetzung immer unter den Aspekten komplexer Hilfeplanungen und unter Berücksichtigung der Interessen, Bedürfnisse, Ressourcen und Wünsche vor allem der Kinder, Jugendlichen und Erwachsenen zu erfolgen hat (Integration, Inklusion, Partizipation).

Didaktik / Methodik in der (Heil)Pädagogik sind daher grundsätzlich

- offen,
- flexibel,
- partizipativ.

Obwohl Didaktik und Methodik eng miteinander verwoben sind und wohl wissend, dass sich „Lehrender" und „Lernender" gegenseitig beeinflussen, wollen wir versuchen, sie im Folgenden analytisch zu trennen:

So umfasst **Didaktik** (griech.: „Lehren, Lernen", Wissenschaft vom Unterricht) in der (Heil)Pädagogik den Gesamtkomplex des praktischen Tuns. Der Lehr- / Lernprozess wird hinsichtlich folgender Elemente befragt:

- Beteiligte Personen: wer lehrt wen bzw. wer lernt von wem;
- Gründe und Ursachen: wieso und warum soll gelehrt bzw. gelernt werden;
- Inhalte: was soll gelehrt bzw. gelernt werden;
- Motive, Anliegen und Ziele: wozu wird gelehrt bzw. gelernt.

Die Antworten auf diese Frage ergeben den theoretischen Rahmen für das konkrete praktische Tun. Insofern dient die Didaktik einer Entscheidungsfindung, die für alle Beteiligten „sinnvoll" ist, nicht der bloßen Begründung von „blindem Aktionismus".

Das folgende - dialogisch zu verstehende - Verlaufsmodell skizziert idealtypisch die wichtigsten didaktischen Schritte:

- Beschreibung der Ausgangssituation (Bedingungen und Zielgruppe / Person),
- Interpretation der Beobachtungsdaten,
- Entscheidung über die Zielperspektive,
- Auswahl der geeigneten Methoden und Konzepte (didaktische Reduktion),
- Entscheidung über Gestaltung der Situation und des beabsichtigten Lernprozesses,
- Vorbereiten der Rahmenbedingungen,
- Praktisches Handeln (s. Methodische Planung),
- Auswertung und Evaluation.

Methodik (griech.: „der Weg zu etwas hin", Wissenschaft vom planmäßigen Vorgehen) umfasst das Wissen und die Lehre von den anzuwendenden Methoden der Vermittlung heilpädagogisch relevanter Inhalte und Verfahren und kann als Teildisziplin der Didaktik angesehen werden. Sie umfasst u.a. die

- Verlaufsplanung,
- Teilziele,
- Arbeitsmittel,
- Sozialform,
- Methodisch-didaktische Teilaspekte,
- Medien.

Verkürzt gesagt kann die Didaktik als die Lehre vom WAS und die Methodik als die Lehre vom WIE verstanden werden. Dabei wird jeweils ein Perspektivenwechsel zwischen dem Inhaltsaspekt (Didaktik) und dem Vermittlungsaspekt (Methodik) nützlich sein.

Hinweis:

Didaktik bezieht sich wesentlich auf Inhalt und Ziel (Wozu? Was? Wofür?) , Methodik dagegen auf den konkreten Weg (Art und Weise, Medien, Vermittlungsverfahren, Wie? Womit?) der praktischen Umsetzung. In der Heil- und Sozialpädagogik sind diese Aspekte als grundsätzlich offen und flexibel zu verstehen.

„Wer nicht weiß, wohin er will, braucht sich nicht zu wundern, wenn er ganz woanders ankommt!"

2.2 Prinzipien der Lernerleichterung

Die Orientierung an den folgenden Prinzipien der Lernerleichterung kann helfen, ein Angebot noch zielsicherer zu gestalten. Dabei geht es nicht darum, jedes Prinzip vollumfänglich zu berücksichtigen, sondern um Anregungen zur methodischen Gestaltung (in Anlehnung an Pitsch 2002).

Prinzip des handlungsorientierten Lernens

Nur durch eigenes Tun wird es möglich, sich die äußere Wirklichkeit einzuverleiben! Der Klient soll in eine aktive Auseinandersetzung mit dem Lerngegenstand treten. Dazu sind Anreize nötig. Sie können von Personen oder Sachen (Lernmaterialien) ausgehen. Durch konkretes eigenes Handeln (sehend, hörend, tastend, bewegend) muss der Klient genügend Gelegenheit zum Sammeln von Erfahrungen erhalten. Verbales Belehren oder bloßes Vormachen sind aktivitätshemmend.

Prinzip des Entdeckenden Lernens

Menschen begeben sich aufgrund eigener Fragestellungen, eigener Sinnfindungen, auf die Suche nach Antworten und versuchen, Ursache-Wirkungszusammenhänge zu erkennen. Insbesondere Kinder „lernen" selbsttätig, ganzheitlich, durch aktives Tun, nicht durch Belehrung. In einer Verschmelzung von geistigen, emotionalen und sozialen Erfahrungen können sich dann „Aha-Erlebnissen" einstellen. Die (kindliche) Neugier ist Motor seiner Entwicklung – und damit auch Antrieb eines zielgerichteten Angebotes.

Prinzip des rhythmischen Lernens

Gemeint ist die Anpassung des pädagogischen Handelns an den Lebens-, Tages- und Stundenrhythmus des Klienten. (Musikalischer) Rhythmus ist zudem eine Stütze der Aufmerksamkeit. Rhythmisierung heißt aber auch, eine Orientierung an gleichmäßigen, immer wiederkehrenden Abfolgen (Seriationen) zu ermöglichen. Für den Tagesablauf bedeutet dies z.B. Ankunft, Begrüßung, Kleidung aufhängen, Platz herrichten, Frühstück.

Prinzip des Lernens in kleinsten Schritten

Das pädagogische Lernangebot muss in so kleine Lernschritte aufgegliedert sein, dass es dem Klienten möglich wird, das Lernziel zu erreichen. Dabei geht es um das Berücksichtigen und möglichst unmittelbare Erfassen aller Teilqualitäten eines Sachverhaltes oder Begriffes in sensorischer, motorischer, kognitiver, sozialer und emotionaler Hinsicht, aber auch um das angemessene Lerntempo.

Beispiel
Zähneputzen: 1. Zahnbürste nehmen und sich zum Wasser drehen 2. Zahnbürste nassmachen 3. Kappe von der Tube drehen 4. Zahnpasta auf die Bürste auftragen 5. Kappe wieder auf die Tube drehen 6. Die äußeren Flächen der Zähne bürsten. 7. Die Kauflächen bürsten. 8. die Innenflächen 9. Becher mit Wasser füllen 10. Ausspülen 11. Mund abtrocknen 12. Zahnbürste ausspülen 13. Becher spülen 14. Ausguss spülen 15. Geräte wegstellen

Prinzip des Lernens durch Festigung und Übung

Eine Festigung von Lerninhalten wird auch durch Übung erreicht. Hier ist das Übertragungsprinzip hilfreich: Das an einem bestimmten Lerngegenstand, in einer bestimmten Lernsituation Gelernte muss auf andere, ähnliche übertragen werden (Transfer). Diese Übertragung ist in besonderer Weise anzubahnen und zu üben.

Prinzip der Isolierung von Schwierigkeiten

Das Lernangebot muss zergliedert und die Einzelaspekte strukturiert werden. Der pädagogisch Handelnde muss die Schwierigkeiten eines Lernangebotes in Bezug auf die Klienten erkennen und isolieren, wenn er wirklich helfen will.

Prinzip der Kind- / Klientenorientierung

Ausgangspunkt der pädagogischen Arbeit sind die Interessen, Neigungen, Bedürfnisse und Erfahrungen der Klienten, die auch bereits beider Auswahl des Angebotsthemas und der Intention berücksichtigt werden. Die methodischen Überlegungen gründen auf dem Entwicklungsstand der Klienten und der (alters-) typischen Besonderheiten. Dies führt auch zum...

Prinzip des Individualisierens

Die Arbeit in einer Kleingruppe ermöglicht es, auf die unterschiedliche Entwicklungs- und Lerngeschichte der Klienten, auf ihr eigenes Tempo, auf ihre charakterlichen Eigenschaften einzugehen. Die konsequente Anwendung dieses Prinzips würde vom pädagogisch Handelnden verlangen, für jeden Klienten einen individuellen Lern- / Förderplan zu erstellen und das Lernen für diese Klienten als ein (un)- verbundenes Nebeneinanderherlernen zu organisieren. Für jeden Klienten bleiben die Ziele vergleichbar in Bezug auf die Zone der nächsten Entwicklung (Wygotzki). Das Lerntempo und die Lernmittel ändern sich.

Prinzip der Fokussierung auf das Wesentliche

Dieses Prinzip meint den Einsatz eines, besonders wesentliche Merkmale hervorhebenden, Anschauungsmaterials. Die konkrete Wirklichkeit erweist sich häufig als zu kompliziert und zu verwirrend durch die Details. Auch eine komplexe Handlung bedarf häufig der Akzentuierung auf das Wesentliche. Dieser Vorgang wird auch als Entflechtung bezeichnet.

Prinzip des sensomotorischen Lernens

Alle Sinne oder möglichst viele sind anzusprechen. Lernangebote sollten möglichst über viele Eingangskanäle angeboten werden, damit sie sich besser einprägen und besser verarbeitet werden. Je mehr Wahrnehmungsfelder im Gehirn beteiligt sind, desto mehr Assoziationsmöglichkeiten für das tiefere Verständnis werden vorgefunden, desto größer werden Aufmerksamkeit und Lernmotivation, und desto eher findet man eine gelernte Information wieder, wenn man sie braucht.

Prinzip der Anschauung (Abstrahierung)

In der Pädagogik gilt die unumstößliche Gewissheit: „Anschauung ist das Prinzip aller Erkenntnis."

Dies meint, dass (nicht nur) Kinder nicht aufgrund eines abstrakten Gedankenkonstrukts Dinge erkennen. Das wichtigste Kennzeichen der Anschaulichkeit sind die Konkretheit und ein Reichtum an Beispielen und Bildern. Konkretheit meint, dass nicht allein die gedankliche Vorstellung klärt, was zum Beispiel die Materialeigenschaften von Holz sind, sondern die sinnliche Wahrnehmung und das tätige Be-Greifen des Materials.

Die Forderung nach Reichtum an Beispielen und Bildern richtet sich ganz stark an die Sprache der Pädagogin. Mit Bildern arbeiten heißt auch, Assoziationen, Vergleiche oder Metaphern anbieten.

Beispiel:
Sie war so traurig wie... der Stern leuchtete wie...

Es sollte möglichst mit dem konkreten Gegenstand begonnen werden, dann folgen Modelle, Reliefs, Abbildungen, Zeichnungen, Skizzen, Symbole, Beschreibungen. Induktives Vorgehen hat Vorrang vor deduktivem Vorgehen. Begriffe also nicht von oben nach unten, sondern von unten nach oben erarbeiten.

Prinzip der Lebensnähe

Beim Prinzip der Lebensnähe geht es um die Auseinandersetzung mit Inhalten, die dem Klienten Erfahrungen mit seiner direkten Umwelt ermöglichen. (z.B. bevor Sie Kindern in ihrer Gruppe Tiere vom afrikanischen Kontinent näher bringen, werden Sie sinnvollerweise erst einmal über heimische Tiere, vielleicht sogar über den eigenen Hund oder die eigene Katze sprechen.)

Prinzip der räumlichen Nähe

Vor allem Kinder beachten vordringlich das Nahe liegende, viele nur das, was im Blickfeld real vorhanden ist. ‚Aus den Augen – aus dem Sinn!'

Prinzip der zeitlichen Nähe

Die Besprechung einer Begebenheit hat kaum noch Sinn, wenn sie nicht unmittelbar mit der konkreten Situation in Verbindung steht. Ein Lob ist keine Verstärkung mehr, wenn es eine halbe Stunde nach der erwünschten Leistung erfolgt. Die zeitliche Koppelung von Leistung und Verstärkung erträgt nur eine Verzögerung von wenigen Sekunden.

Prinzip vom Leichten zum Schweren

Das Prinzip ‚vom Leichten zum Schweren' weist auf einen inneren Aufbau von Lernprozessen hin, bei dem komplizierte Zusammenhänge (zum Beispiel die Kernaussage eines Bilderbuchs) in Teilschritte aufgeteilt und somit schrittweise erfahrbar und nachvollziehbar werden.

Prinzip des Spannungsbogens

Ein pädagogisches Angebot sollte einen Spannungsbogen aufweisen, den es zu beachten und zu halten gilt. Ein logischer ROTER FADEN (eine Idee, die Intention) muss erkennbar sein.

Merke: Weder Über- noch Unterforderung – Herausforderung !

2.3 Formulierung von Zielen

Eine Voraussetzung von effektivem erfolgreichem heilpädagogischem Handeln ist die Formulierung von Zielen. Ausgehend von der heilpädagogischen Diagnostik werden

- möglichst unter Beteiligung der Klienten und / oder ihrer Eltern / Angehörigen bzw.,
- im Kontext einer Hilfeplanung,
- unter Berücksichtigung der Stärken und Ressourcen,
- mit Blick auf systemische Zusammenhänge und die Einbindung in soziale Netzwerke,

die Perspektiven für das konkrete heilpädagogische Handeln erarbeitet. Die Formulierung von Zielen ist die Schaltstelle zwischen Diagnostik und methodischer Planung. Daher liegen folgende Kriterien zugrunde:

- Ziele sind von Werten abgeleitete wünschenswerte Zustände bzw. erwünschtes und realisierbares Verhalten des Kindes / Jugendlichen.
- Die Zielsetzung fokussiert einen in die Zukunft gerichteten erwünschten Zustand oder erweiterte Handlungskompetenzen in der Lebenssituation der Klienten, die in einer überschaubaren Zeit zu erreichen sind.
- Ziele müssen für die betreffenden Klienten prinzipiell erreichbar sein. Dabei kann es hilfreich sein, sich an der Zone der nächsten Entwicklung zu orientieren.
- Ziele müssen im Einflussbereich der Handelnden liegen.
- Ziele zu setzen bedeutet, Veränderungen anzustreben und zu planen. Fachkräfte unterstellen zumeist, dass es um Verbesserungen der derzeitigen Situation geht. Beachte: Dies ist eine Einschätzung, die Klienten nicht immer teilen.
- Grundsätzlich ist zu berücksichtigen, dass im Sinne einer systemisch-konstruktivistisch orientierten Heilpädagogik Ziele nie ausschließlich für einen Menschen bestimmt werden können oder sollen, sondern vielmehr mit ihm gemeinsam und seinen Partnern – niemand begibt sich auf den Weg zu Zielen, die nicht die eigenen sind!
- Heilpädagogik und damit die Heilpädagogin stehen – im Sinne einer Begleitung und Assistenz – neben den Kindern, Jugendlichen oder Erwachsenen und nicht „über" ihnen. Daher gilt: keine Zielformulierung ohne Beteiligung der Klienten!
- Ziele sollen so konkret wie möglich und positiv formuliert werden, denn Klienten müssen, sollen und dürfen wissen „wohin die Reise geht".
- Eine Verständigung über den angestrebten, gewünschten Zustand" richtet den Blick in die Zukunft, auf das Positive und die Ressourcen der Beteiligten.
- Die Zielsetzungen basieren auf einer Arbeitshypothese. „Fällt" die Arbeitshypothese aufgrund neuer Entwicklungen, sind grundsätzlich auch die Ziele zu reflektieren.

Im folgenden stellen wir ein Modell einer Zieltaxonomie vor, (v. Spiegel 2000, 2003, 2004), dass sich in der Praxis bewährt hat.

Für die Heilpädagogik macht es Sinn, zu differenzieren zwischen **Wirkungszielen**, die eher die „Himmelrichtung" anzeigen, konkreteren **Handlungszielen**, auf die kurz- oder mittelfristig hingearbeitet werden soll und konkreten **Indikatoren**.

Wirkungsziele (auch: Hauptziele, Richtziele) bezeichnen erwünschte Zustände, die am Ende der Hilfe erreicht sein sollten. Sie bilden die Leitlinien für die praktische heilpädagogische Arbeit aber auch für den Prozess der Hilfeplanung und beziehen sich immer auf den Klienten.

Erschließungsfragen zu Wirkungszielen

Was soll erreicht werden? Wie soll die Situation für den Klienten sein, wenn die heilpädagogische Begleitung beendet ist? Entsprechende Erfolgsbeurteilungen beziehen sich meist auf Wirkungsziele: „Die Maßnahme hat sich gelohnt, weil erreicht wurde, dass das Kind...". Dabei ist zu bedenken, dass die Wirkungsziele sich auf einen überschaubaren Zeitraum beschränken prinzipiell erreichbar sein sollten.

Beispiel:
Peter baut seine kommunikativen Kompetenzen aus um die Teilhabe am Leben in der Kita zu erweitern.

Handlungsziele auch: Teilziele) bezeichnen erwünschte Zustände und / oder förderliche Arrangements, die als Voraussetzung zur Erreichung der Wirkungsziele gelten. Sie sind vom Wirkungsziel abgeleitet und konkretisieren das heilpädagogische Handeln nun bezogen auf verschiedene Entwicklungsbereiche des Klienten (sprachliche Kompetenz, lebenspraktische Kompetenz, motorische Kompetenz etc.).

Hierhinter steht die Überzeugung und Erkenntnis dass komplexe Verhaltensweisen immer verschiedene Entwicklungs- und Funktionsbereiche des Menschen umfassen und daher – so weit es geht – ganzheitlich zu betrachten sind. Daher gilt, dass zu jedem Wirkungsziel mehrere Handlungsziele gehören (Pyramide). Diese können sich auch auf andere Lebensbereiche des Klienten beziehen wie zum Beispiel Eltern, Angehörige, Teamkollegen oder die Gestaltung des konkreten Umfelds.

Erschließungsfrage zu Handlungszielen:

Auf diesen Zustand arbeiten wir hin, um letztlich zu erreichen dass ... (Wirkungsziel)

Beispiel:
Peter empfindet Freude am Sprechen und an der Sprache.
Peter spielt mit anderen Kindern.
Das Kollegenteam nimmt mehr Rücksicht auf Peter.

Zusammenhang von Wirkungszielen und Handlungszielen:

- Handlungsziele werden immer in einen Bezug zu einem Wirkungszielen gesetzt;
- Handlungsziele haben keine Berechtigung ohne Zusammenhang zu einem Wirkungsziel;
- zu einem Wirkungsziel gehören immer mehrere Handlungsziele (Zielpyramide).

Nun lassen sich (langfristige) Wirkungsziele und (mittelfristige) Handlungszielen zuordnen. Die Handlungsziele (die diesbezüglich gewünschten Zustände) werden dann weiter konkretisiert – bis auf die Indikatorenebene.

Indikatoren sind beobachtbare, erfragbare oder einschätzbare Sachverhalte oder Verhaltensweisen, aus denen man erkennen kann, ob die Beteiligten ihren Zielen ein Stück näher gekommen sind (ergebnisbezogene Operationalisierung) oder ob sie ihre Ziele tatsächlich auch in Handlungsschritte umsetzen (prozessbezogene Operationalisierung). Indikatoren dienen somit als Maßstäbe, anhand derer der Erfolg eingeschätzt werden kann (Evaluation bzw. Selbstevaluation).

Erschließungsfrage zu Indikatoren: „Woran können wir erkennen, dass ... (Peter Freude am Sprechen empfindet? Die Kollegen Rücksicht nehmen?)"

Beispiel:
Wirkungsziel: Peter baut seine kommunikativen Kompetenzen aus, um seine Teilhabe am Leben in der Kita zu erweitern

Handlungsziel	Peter empfindet Freude am Sprechen und an der Sprache	Peter spielt mit anderen Kindern	Die Kollegen nehmen Rücksicht auf Peter	…
Indikatoren	Er beteiligt sich an Gesprächen	Er geht auf spielende Kinder zu	Sie nehmen sich Zeit, um Peter zu verstehen	
	Er beteiligt sich an Singspielen		Sie erlernen seine Gebärden	
		Er übernimmt eine Rolle im Rollenspiel	Sie nutzen Bildkarten	

Von Zielen zu unterscheiden sind schließlich die **Handlungsschritte oder methodische Vorgehensweisen**, die die verschiedenen Beteiligten, nämlich das Kind selbst, die Familienmitglieder und auch die Fachkräfte unternehmen wollen, um den Zielen näher zu kommen.

Erschließungsfragen zu Handlungsschritten:

Was müssen / wollen wir tun (oder was muss / will wer tun), um das Ziel zu erreichen?

Beispiel:
Singspiele aussuchen, die für Peter geeignet sind.
Die Kollegen in gebärdengestützter Kommunikation schulen.
…

Abschließend ist zu sagen, dass es keine eindeutigen Regeln für die Zuordnung und Konkretisierung von Wirkungszielen, Handlungszielen und Indikatoren gibt. So wie ein Handlungsziel auch als Wirkungsziel eingeordnet werden kann (und umgekehrt), verschwimmen unter Umständen auch die Grenzen zwischen Handlungszielen und Indikatoren. Der wesentliche Unterschied ist lediglich der, dass die Sachverhalte, die als Indikatoren gelten sollen, erfassbar und messbar sein müssen. Das Wichtigste ist, dass man „unten", also auf der messbaren, erfassbaren Ebene ankommt! (Siehe hierzu im Folgenden das Beispiel in Kapitel 6.4).

2.4 Planung eines Angebotes

Allgemeine Hinweise

In der (heil)pädagogischen Praxis spielen neben der konkreten Alltagsbegleitung der Kinder / Klienten (z.B. im freien Spiel, im Wohnbereich o.ä.) und der Betreuung / Assistenz (z.B. beim Essen oder Toilettengang), der Beratung von Eltern oder Angehörigen und der Netzwerkarbeit konkrete Vorhaben, wie z.B. das gemeinsame Kochen oder ein psychomotorisches Angebot in der Turnhalle und kleinere projektorientierte Vorhaben eine große Rolle.

Zum Thema Projekt vergleiche Kapitel 2.5

Im heilpädagogischen Kontext werden sie im Zuge einer Förderplanung oder eines Begleitkonzeptes auf der Basis der heilpädagogischen Diagnostik entwickelt und können sowohl in der Frühförderung, dem Elementarbereich, aber auch in der Tagesförderstätte oder Wohneinrichtung Anwendung finden. Oft wird dabei auf Konzepte u.a. der Psychomotorik, des heilpädagogischen Spiels, der Rhythmik oder des Gestaltens / Werkens zurückgegriffen.

Im Wesentlichen können bei der Planung eines Vorhabens zwei methodische Hilfen unterschieden werden: ein Planungsraster, welches das gesamte Angebot umfasst und eine darin enthaltene Planungsübersicht, die das Angebot im engeren Sinne beschreibt.

Im nächsten Abschnitt wollen wir ein Planungsraster vorstellen, mit dessen Hilfe Vorhaben geplant, durchgeführt und reflektiert werden können.

Unter einem Vorhaben verstehen wir ein (heil)pädagogisch begründetes und differenziert geplantes, systematisch durchgeführtes und reflektiertes Angebot im Zusammenhang mit der (heil-)pädagogischen Leistung z.B. einer Kindertagesstätte oder Frühförderung. Gleichbedeutend wird in der pädagogischen Praxis auch häufig der Begriff des pädagogischen Angebotes verwendet.

Zielsetzung der methodisch-didaktischen Planung ist es, die (heil)pädagogische Praxis zu professionalisieren, also transparent, überprüfbar und nachvollziehbar zu machen. Für die Fachkraft geht es um eine effektive Planung und die Möglichkeit, das eigene Handeln systematisch zu reflektieren und begründen zu können.

Die Planungsraster und Planungsübersichten gehen in die Dokumentation der (heil)pädagogischen Arbeit ein und sind Grundlage für die Evaluation (systematische Überprüfung) der pädagogischen Arbeit bei Konzeptionstagen o.Ä., die in den Einrichtungen durchgeführt werden oder bei Gesprächen mit Eltern oder Angehörigen.

Übung

1. Diskutieren Sie mit einer Mitschülerin/Kollegin, welche Vorhaben sie in den letzten Praktika/Hospitation mit erlebt haben, bzw. welche Sie bereits selber angeboten haben.
2. Wie sind diese Vorhaben geplant worden? Bringen Sie zum nächsten Treffen Planungsraster mit

Das Planungsraster

Grundsätzlich lassen sich folgende vier Gliederungspunkte eines Planungsrasters festmachen:
1. Didaktische Analyse,
2. Methodische Planung,
3. Dokumentation der Durchführung,
4. Reflexion.

zu 1: Didaktische Analyse

Thema des Vorhabens und dessen Begründung
- Welche Beobachtungen führten zur Auswahl?
- Welche Aktivitäten / Themen der Kinder / Klienten waren maßgeblich?
- Welche Schwierigkeiten und Problemlagen waren zu erkennen?
- Wie wurden diese Beobachtungen und Einschätzungen mit der Kollegin / im Team bewertet?

Auseinandersetzung mit dem Thema
- Wie habe ich mich über das Thema informiert?
- Was weiß ich über das Thema?

Zielperspektive des Vorhabens
- Welche Kompetenzbereiche sollen schwerpunktmäßig angesprochen / gefördert werden (z.B. die Selbstkompetenz im Rahmen eines basalen Musikangebotes, s.u.)?
- Steht die Zielperspektive meines Vorhabens in Übereinstimmung mit dem Konzept der Einrichtung?

Auswahl der konkreten Methode
- Entscheidung für ein bestimmtes methodisches Vorgehen und dessen Begründung (hier: basales Musikangebot)

zu 2: Methodische Planung

Notwendige Vorbereitungen
- Welche Vorbereitungen muss ich hinsichtlich des Raumes, der Materialien, der Absprachen, der Klienten treffen?

Konkrete Ziele
- Welche Ziele strebe ich an?
- Ausdifferenzierung im (psycho)motorischen, kognitiven, sprachlichen und sozial-emotionalen Bereich sowie der Wahrnehmung

Einstimmung
- Wie stimme ich den Klienten auf das Vorhaben ein? (z.B. ein Bewegungsspiel um dem Bewegungsdrang der Kinder gerecht zu werden, einen speziell vorbereiteten Raum oder eine spannende Geschichte, um ihn für ein Thema zu interessieren.
- Wie ist mein methodisches Vorgehen zu begründen (methodisch-didaktischer Kommentar).

Hauptteil
- Spiele, Übungen, Geschichten etc., die in unmittelbaren Zusammenhang mit der Zielsetzung stehen, (z.B. mit einer Klangschale variieren (s.u.) oder – im psychomotorischen Bereich - eine Bewegungslandschaft zum Thema „Dschungel", mit dem Ziel der Förderung der Gleichgewichtswahrnehmung")
- Methodisch-didaktischer Kommentar

Abschluss
- Wie wird die Stunde / das Vorhaben beendet?
- Methodisch-didaktischer Kommentar

Für die schriftliche Planung des eigentlichen Vorhabens (Einstimmung, Hauptteil, Abschluss) ist zusätzlich die Nutzung der **Planungsübersicht** anzuwenden. Die folgende Übersicht und die Leitfragen dienen einem schnellen Überblick und können z.B. auch während des Vorhabens kurz eingesehen werden (im Sinne eines Spickzettels).

Thema: ....

Inhaltlicher / heilpädagogischer Schwerpunkt ....

Gruppe / Person: ....

Zeit: ....

Raum: ....

Fachkraft: ....

Geplanter Verlauf	**Zieldifferenzierung (mit Bezug auf den Klienten)**	**Methodisch-didaktischer Kommentar**	**Medien / Mittel**
Was passiert wann in welcher Folge?	Wozu passiert es? Was soll beim Klienten erreicht werden	Warum passiert es so (und nicht anders)? Worauf muss ich achten? Was mache ich, wenn ...) Wechsel von Spannung und Entspannung, vom ICH zum DU zum WIR Ich-Kompetenz Sach-Kompetenz Sozial-Kompetenz	Womit passiert es? Welche Hilfsmittel werden benötigt?
Einstimmung			
Hauptteil			
Abschluss			

Abb. 2.1
Planungsübersicht
Leitfaden

zu 3: Dokumentation der Durchführung

Hier geht es um die Dokumentation des tatsächlichen Verlaufes. Besonderes Interesse liegt hier auf der Interaktion zwischen den Kindern und dem pädagogischen Personal. Dieses kann in einem Raster mit den folgenden Gliederungspunkten erfasst werden:

Durchführung des Vorhabens am .... von .... bis ....

Planungsschritt	**Meine Handlungsweise**	**Handlung der Kinder / Klienten**

Abb. 2.2
Dokumentation

zu 4: Reflexion

Die Reflexion ist einer der wichtigsten Teile des methodisch-didaktischen Handelns. Dabei kommt es nicht darauf an, keine Fehler zu machen, Fehler macht jeder, auch der „alte Hase" mit 20 Jahren Berufserfahrung! Entscheidend ist, dass man die eigenen Stärken und Schwächen (Planungsfehler und Fehler im eigenen Handeln) erkennt und Konsequenzen für die Zukunft ableitet. Die folgenden Fragen können bei der Reflexion helfen:

- **Hat / haben dieser Verlauf / meine Erfahrungen Konsequenzen für das nächste Vorhaben? Welche?**
- War der Raum gut vorbereitet?
- War ich selbst gut vorbereitet?
- Musste ich den Ablauf ändern? Warum?
- Haben die Kinder etwas Unerwartetes getan?
- Woran haben die Kinder besonderes Interesse gezeigt?
- An welchen Stellen haben sich die Kinder besonders aktiv und kreativ gezeigt?
- Habe ich meine Ziele erreicht?
- Was haben die Kinder gelernt?
- An welcher Stelle war ich besonders zufrieden mit mir?
- Was würde ich beim nächsten Mal anders machen?
- Was habe ich gelernt?
- ... usw.

Die Ergebnisse der Reflexion sind die Planungsgrundlage für die nächsten Vorhaben.

Die Planungsübersicht (methodische Planung)

Inhaltlich richtet sich die Planung eines Vorhabens auf der Basis einer präzisen Beobachtung / heilpädagogischen Diagnostik natürlich nach dem Thema und den jeweiligen Zielen für die (Klein-)Gruppe oder Einzelperson sowie der situativen Gegebenheiten. Folgend ist exemplarisch eine Planungsübersicht abgedruckt, die für ein basales Musikangebot weiter ausdifferenziert wurde.

Planungsübersicht eines basalen Musikangebotes (Beispiel)[4]

Klient: Ein junger Mann (H., 24 Jahre) mit Down-Syndrom. Kompetenzprofil (stark zusammengefasst): Er ist in der Lage, leichte Anweisungen zu verstehen, verfügt aber selber nicht über aktive Sprache. Er ist jedoch in der Lage, durch Gesten und Laute Bedürfnisse zu signalisieren. Aufgrund der vorliegenden Erkenntnisse ist folgende Zielperspektive erarbeitet worden, an die sich konkrete heilpädagogische Maßnahmen anschließen:

4 *Für den Entwurf dieser Planung danken wir Birgit Thurmann*

Wirkungsziel: **H. ist in die Gruppe der Bewohner integriert und nimmt aktiv an Angeboten teil.**				
Handlungsziele:	H. äußert seine Bedürfnisse	H. nimmt Kontakt auf	H. beteiligt sich an der Zubereitung von Mahlzeiten	Mitarbeiter beziehen H. mit ein
Indikatoren:	H. zeigt auf Dinge, die er haben möchte H. nutzt seine Stimme, um Zustimmung oder Unmut zu äußern H. verlässt den Raum, wenn er sich unwohl fühlt H. zeigt Interesse z.B. durch näher rücken H. greift gezielt nach Gegenständen, die ihn interessieren	H. sitzt mit anderen Personen auf einem Sofa H. berührt andere Personen aktiv H. lässt Berührungen durch andere Personen zu H. reicht anderen Personen etwas an H. nimmt von anderen Personen etwas an	H. bleibt über längere Zeit in der Küche H. rührt in einem Topf H. holt etwas aus dem Kühlschrank bzw. trägt etwas dort hin H. trägt Teller auf den Tisch H. füllt etwas in einen Topf	Mitarbeiter sprechen in leichter Sprache Mitarbeiter nutzen gleiche Worte und Satzbausteine Mitarbeiter lassen genug Zeit zwischen den einzelnen Handlungsaufforderungen Mitarbeiter respektieren, wenn H. Unlust signalisiert Mitarbeiter berühren H. nur nach vorheriger Ankündigung und entsprechender Verstehens-Pause

Es ist H. motorisch möglich, sich sicher im Raum zu bewegen und er kann Alltags-Bewegungen gezielt ausführen. Zur emotionalen Regulation benötigt er ein Tuch, welches er immer bei sich trägt. Er interessiert sich zusätzlich für andere leichte Tücher. Auf helle Klänge reagiert er mit gesteigerter Aufmerksamkeit. Er nimmt keinen aktiven Kontakt zu seinen Mitbewohnern und den Betreuern auf. Entsteht zu viel Nähe, verlässt er den Raum. Körperkontakt lässt er nur in Pflegesituationen zu.

Thema der Einheit:	Musik mit hell klingenden Klangschalen
Inhaltlicher / heilpädagogischer Schwerpunkt:	Kontaktaufnahme zu vertrauter Person mittels Klängen (Bezug zu Handlungsziel 2)
Gruppe / Person:	H. (männlich)
Zeit:	Montag, 11:15 - 12:00
Raum:	....
Fachkraft:	Marietta Schlümp

Geplanter Verlauf	Zieldifferenzierung (bezogen auf den Klienten)	Methodisch-didaktischer Kommentar	Medien / Mittel
Einstieg			
Wir betreten gemeinsam den vorbereiteten Raum und nehmen jeweils auf den gegenüberliegenden Matten Platz (Abstand ca. 2m). Ich (M.S.) schiebe das Körbchen mit den Tüchern und der versteckten Klangschale zu H. und warte, ob er des untersucht – er wird unter den Tüchern die kleine Klangschale finden. Da er keine Gegenstände lange festhält, werde ich die Klangschale anschließend nehmen.	Spannung aufbauen, Neugier wecken, Abgrenzungsmöglichkeit schaffen und nutzen, ohne den Raum verlassen zu müssen, Angebot (Körbchen) annehmen.	Die beiden Matten liegen weit auseinander, damit H. genügend Raum für sich hat. Er meidet Körperkontakt und durch die Sitzposition kann es nicht aus Versehen zu Körperkontakt kommen. Ich greife seine Vorliebe für Tücher auf, in dem ich ihm ein Körbchen mit Tüchern anbiete. Meine Bewegungen werde ich langsam ausführen und zwischen allen Aktionen lange Pausen machen, damit H. Gelegenheit hat, nachzuvollziehen, was gerade geschieht.	Sitzmatten im Abstand von 2m Körbchen mit Tüchern und versteckter Klangschale nebst Metall-Schlägel
Hauptteil I			
Die kleine Klangschale wird von mir angeschlagen. Lange Pausen zwischen den einzelnen Tönen, dabei H. ganz genau beobachten und auf seine Signale eingehen (z.B. in Form von Spiegeln, Tempowechseln, Lautstärkedifferenzierungen, Positionswechseln etc.). Eventuell auch versuchen, die räumliche Distanz langsam und vorsichtig zu verringern und ihm die Klangschale an unterschiedliche Körperteile halten.	Spannung halten, Konzentration, Kontakt über den Klang, das Spiegeln ... zulassen, eigene Impulse wahrnehmen und deren Wirkung erfahren, Selbstwirksamkeitserfahrung	H. ist sehr scheu. Ich werde versuchen, auf sehr feine Signale zu reagieren. Dabei werde ich mit den Elementen Spiegeln, Nähe verringern, Intensität steigern etc. arbeiten. Sobald Abwehrreaktionen zu beobachten sind, werde ich mich auf meine Matte zurück bewegen.	

Hauptteil II			
„Zimbellied" singen, dabei die Klangschale in die Nähe von H. bringen und versuchen, ihn zu motivieren, die Klangschale anzuschlagen. Mein Singen wird sich in Tempo, Lautstärke und Klangfarbe an seinen Reaktionen orientieren. Das Lied wird wiederholt, bis H. signalisiert, dass kein Interesse mehr hat.	Halten des Metall-Schlägels (taktile Erfahrung von Kälte), koordinierte Bewegung, um die Klangschale zu treffen, Kontakt zwischen H. und M.S. intensivieren, eindeutige Signale geben, wenn es genug ist.	H. liebt Musik und helle Töne, insofern ist er eventuell bereit, die größere Nähe zu M.S. auszuhalten und mit ihr gemeinsam das Lied zu musizieren. M.S. wird die Klangschale so halten, dass ein Auftreffen des Schlegels ermöglicht wird, wann immer von H. entsprechende Impulse ausgehen. Das Lied besteht aus einer kurzen und einfachen Melodie, so dass H. es leicht wiedererkennen kann und gleichzeitig M.S. Variationen einbauen kann, ohne dass dies besondere Konzentration benötigen würde.	Zimbellied
Abschluss			
Die Klangschale wird wieder in das Körbchen gelegt und mit den Tüchern bedeckt. H. wird vorsichtig aufgefordert, dabei mitzuhelfen. Sobald die Klangschale im Körbchen ist, wird das Zimbellied noch einmal gesummt (ohne Text).	Gemeinsame Tätigkeit (Klangschale ins Körbchen legen), erkennen, dass es einen Abschluss gibt.	H. ist manchmal in der Lage, kleine Aufforderungen umzusetzen, diese Fähigkeit soll hier angesprochen werden. Sollte H. keine Reaktion zeigen, wird die Tätigkeit von M.S. alleine ausgeführt. Das Summen ohne Text soll das Ende der Stunde markieren, aber ohne ein weiteres Element einzuführen.	

Abb. 2.3 Planungsübersicht für ein basales Musikangebot

2.5 Planen und Durchführen eines Projektes

Allgemeine Hinweise

Jeder macht heute „Projekte". Schule, Management, Industrie und Medien benutzen den Begriff „Projekt" für die unterschiedlichsten Vorhaben. In der langen Tradition der (pädagogischen) Projektmethode wurde der Begriff jedoch sehr unterschiedlich interpretiert. Bei dem amerikanischen Pädagogen John Dewey (1859-1952) stand beispielsweise die pragmatische Idee der Verwirklichung einer demokratischen Erziehung und damit einer demokratischen Gesellschaft noch im Vordergrund. Heute kann eine leichte Akzentverschiebung ausgemacht werden, wenn die Projektmethode in Zusammenhang gebracht wird mit den Problemen des Aufwachsens von Kindern und Jugendlichen und der Forderung nach ganzheitlichem und handlungsorientiertem Lernen. Der zentrale Lerneffekt wird deutlich, wenn wir uns an die bereits oben erwähnte Erkenntnis erinnern, dass wir am meisten in der handelnden Auseinandersetzung lernen. Genau dies ist die große Chance der Arbeit in einem Projekt.

Aufgrund dieser sehr verschachtelten Geschichte der Projektmethode und des Projektbegriffs, kann hier keine ausführliche Einführung erfolgen. Wir beschränken uns daher auf methodische Aspekte der Projektarbeit und verweisen zum tiefer gehenden Studium auf die entsprechende Fachliteratur (vgl. Frey 1993/2012).

Es gibt nicht die Projektmethode,
sondern verschiedene Modelle projektorientierten Arbeitens und Lernens!

Ein Projekt kann beschrieben werden als ein einmaliger Prozess ...

- ... zur Erreichung eines klar formulierten Zieles,
- ... der den üblichen Umfang von Tagesaufgaben weit überschreitet,
- ... in einem vorher festgelegten Zeitraum mit Start- und Endtermin,
- ... mit begrenzten Ressourcen,
- ... mit einem konkreten zu präsentierenden Ergebnis.

Ein wichtiger Aspekt ist, dass es sich um ein vergleichsweise neues, innovatives Vorhaben handeln sollte. Ein Projekt, welches in gleicher Weise schon einmal gelaufen ist, könnte schnell Langeweile auslösen und ein Gefühl von „nicht ernst nehmen der Teilnehmer" aufkommen lassen. Dieses „Neue" beinhaltet natürlich auch ein gewisses Risiko, da oft nicht genau vorhersagbar ist, was am Ende dieses Prozesses konkret herauskommt.

Ein Projekt entsteht

Ein gutes Projekt geht immer von konkreten Fragestellungen aus und orientiert sich an den Interessen der Teilnehmer, denn sie sind es, die das Projekt durchführen sollen. Hinzu kommt eine Beteiligung der Betroffenen. So werden beispielsweise die Mitschüler beteiligt, wenn es – wie in dem Beispiel weiter oben – um die Gründung einer Schülerzeitung geht. Mit einer präzisen und spannenden, d.h. auch unmittelbar relevanten (bedeutsamen) Thematik steht und fällt das Gelingen eines Projektes. Ein weiteres zentrales Merkmal ist die Selbstorganisation und Selbstverantwortung der Teilnehmer während der Projektdurchführung. Lehrer oder Dozenten ziehen sich weitestgehend zurück und übernehmen eher die Rolle von Beratern. (Die Arbeitsweise in einem Projekt sollte allerdings vorher vermittelt worden sein!).

1. Situationsbezug (konkreter Anlass/Auftrag),
2. Orientierung an den Interessen der Beteiligten (z.B. Mitarbeiter oder Schüler),
3. Selbstverantwortung, Selbstorganisation durch die Beteiligten,
4. Praxisrelevanz,
5. Zielgerichtete Projektplanung,
6. Produktorientierung,
7. Einbeziehung der Beteiligten / Betroffenen,
8. Soziales Lernen,
9. Interdisziplinarität (= Beteiligung verschiedener Fachdisziplinen).

Abb. 2.4 Merkmale eines Projekts

Projektarbeit ist Zusammenarbeit

Projektarbeit findet häufig in (von Dozenten oder Lehrern begleiteten) Arbeitsgruppen statt.

Gerade wenn mehrere Menschen an einer Sache arbeiten, besteht die Möglichkeit der Vergrößerung der Problemlösefähigkeit sowie die Entdeckung der besonderen Kreativität der Gruppe (so genannte Synergieeffekte / 1+1=3). Außerdem herrscht größere Arbeitszufriedenheit und die Chance auf vernetztes Lernen ist groß.

Projektarbeit ist gemeinsames Handeln

Eine gute Zusammenstellung der Arbeitsgruppen kann also erheblich zu dem Gelingen eines Projektes beitragen. Die Arbeitsgruppen benötigen allerdings Zeit, um sich zu finden und ein gemeinsames Arbeitsklima zu entwickeln. Man unterscheidet dabei folgende Phasen:

- Orientierungsphase, in der die Mitglieder der Arbeitsgruppen sich und die Aufgabe kennen lernen können und sollen.
- Positionsfindung. Hier kristallisieren sich die unterschiedlichen Positionen in einer Arbeitsgruppen heraus (Wortführer, Protokollant, ...).
- In der sich dann anschließenden Kooperationsphase wird an dem eigentlichen Projekt gearbeitet. Nach der Fertigstellung erfolgt eine Präsentation.
- Ablösung und Reflexion: Gegen Ende eines Projektes und nach einer Präsentation ist es oft schwer, die Mitglieder einer Arbeitsgruppe zu den letzten Anstrengungen zu motivieren (Protokoll oder Bericht erstellen, Aufräumen und Reflektieren). Dennoch sind die beiden Phasen wichtig, denn sie schließen den Kreis und führen das Projekt noch einmal an den Anfang zurück. Hier findet eine kritische Rückschau (Reflexion) statt, nicht mit dem Ziel, gegenseitig Schuld und / oder Verantwortung zu zuweisen (wenn es denn mal schief gelaufen sein sollte), sondern vor allem, um für das nächste Projekt zu lernen.

Merke: Unterschiedliche Arbeitsgruppen brauchen für die Phasen unterschiedlich lange Zeit, alle aber sollten sich die Zeit nehmen, um arbeitsfähig zu werden!

Ein Projekt wächst

Das Vorgehen und die Erarbeitung eines Projektes orientiert sich an einem typischen Ablauf und gliedert sich in folgende Phasen (erläutert an dem oben bereits erwähnten Beispiel einer Schülerzeitung):

Anstoß / Projektinitiative:

Es besteht ein breites Interesse bei den Schülern an der Gründung einer Schülerzeitung. Es bilden sich verschiedene Interessensgruppen und es wird entschieden, eine Schülerzeitung mit Hilfe der Projektmethode zu gründen. Hier wird das Ziel des durchzuführenden Projektes aufgestellt. Ergebnis dieser Phase ist eine Projektskizze. In dieser Phase kann sich bereits herausstellen, dass die Idee nicht durchführbar ist ⇨ möglicher Abschluss!

Situationsanalyse und Planung:

Eine Situationsanalyse bringt viele offene Fragen (Kosten, Autoren, Genehmigung etc.) zu Tage. Es werden so genannte Arbeitspakete zusammengestellt, denen jeweils Arbeitsgruppen zugeordnet werden. Es wird ein Plan aufgestellt, nach dem verschiedene Arbeitsgruppen vorgehen sollen. Ergebnis dieser Phase ist ein Projektplan. Auch in dieser Phase kann sich herausstellen, dass die Idee nicht durchführbar ist ⇨ möglicher Abschluss.

Projektdurchführung und Aktion (Präsentation):

Es wird eifrig gearbeitet, alle Probleme werden gelöst. Am Ende wird an einem bestimmten Tag die neue Schülerzeitung den Schülern, Lehrern und Eltern mit einer großen Präsentationsveranstaltung vorgestellt.

Zu regelmäßigen abzusprechenden Zeitpunkten (Fixpunkte) treffen sich die Beteiligten um sich abzusprechen und die weitere Koordination zu vereinbaren.

Solche Fixpunkte sind organisatorische Schaltstellen und Orientierungshilfen. Sie dienen der Bestandsaufnahme und der Abstimmung der Arbeitsgruppen untereinander und wirken einem „blinden Aktionismus" entgegen.

Projektauswertung:

Im Anschluss wird das ganze Projekt ausgewertet. Was war gut? Was war schlecht? Was können wir für das nächste Mal daraus lernen?

Die folgende Aufstellung fast die wichtigsten Aspekte noch einmal übersichtlich zusammen.

<table>
<tr><td>Projektziel</td><td colspan="2">Was wollen wir bis wann wie erreichen?</td></tr>
<tr><td>Arbeitspakete</td><td colspan="2">Welche Arbeitspakete werden geschnürt?</td></tr>
<tr><td>Meilensteine / Etappenziele / Fixpunkte</td><td colspan="2">Wann treffen sich die jeweiligen Arbeitsgruppen zur Absprache? Wie lauten die Etappenziele?</td></tr>
<tr><td>Ressourcen (Geld, Material, Zeit...)</td><td>Was benötigen wir?</td><td>Worüber verfügen wir?</td></tr>
<tr><td>Aktionsplan (ggf. pro Arbeitsgruppe / -paket)</td><td>Maßnahmen:
Verantwortlichkeit:
Mitarbeit:
Methode:
Termin:</td><td>Wer macht was?
Wer ist verantwortlich? Wer arbeitet mit wem?
Wie werden wir arbeiten?
Bis wann müssen wir fertig sein?</td></tr>
<tr><td rowspan="3">Controlling</td><td colspan="2">Was wollen wir bis .... (Zeitpunkt) erreichen?</td></tr>
<tr><td>Was haben wir erreicht? Warum haben wir es erreicht?</td><td>Was haben wir nicht erreicht?
Warum haben wir es nicht erreicht?</td></tr>
<tr><td colspan="2">Was müssen wir tun, damit das Ziel erreicht wird?</td></tr>
</table>

Abb. 2.5
Vorgehen in einem Projekt

Methodische Hilfen

In diesem Abschnitt erhalten Sie Hinweise, die bei der Durchführung hilfreich sein können. Sie betreffen die Zielentwicklung, Zielformulierung, die Projektetappen (Arbeitspakete) und den Aktionsplan. Wir stellen sie wiederum am Beispiel der Schülerzeitung dar.

In der **Zielentwicklung** wird zunächst geprüft, was bis wann wie erreicht werden soll. Folgende Leitfragen spielen dabei eine wichtige Rolle:

Situationsanalyse: Was ist der Ausgangspunkt?
Zielsetzung: Was soll erreicht werden?
Konzeptentwurf: Wie wollen wir das Ziel erreichen?
Bewertung: Welcher Weg ist der beste?
Entscheidung: Wie wollen wir diesen Weg gehen?

Eine **Zielformulierung** in einem Projekt umfasst neben dem eigentlichen Ziel auch folgende genauen ergänzenden Angaben:

Zielsetzung	In dem Schuljahr 2003 / 2004 soll die Schülerzeitung erscheinen.
Adressaten	Lehrer, Eltern, Angehörige, Mitschüler
Weitere Beteiligte	Interessierte Öffentlichkeit, Sponsoren
Grobe Zeitplanung	1. Bis April Genehmigung einholen. 2. bis Mai Finanzierung klären. 3. bis Juli Kontakte knüpfen. 4. bis August Mitstreiter werben. 5. in den Sommerferien 0-Nummer erstellen
Projektorganisation	Klaus Müller
Projektleitung	Ilka Busch
Kosten	1.000,00 €

Abb. 2.6 Zielformulierung

Eine Matrix, die die **Projektetappen** (Arbeitspakete) betrifft, enthält folgende Elemente:

Projektetappen / Arbeitspakete

Etappenziel / Arbeitspaket Nummer / Titel (ausformuliert)	Was trägt die Etappe zum Ziel bei?	Was hilft, das Etappenziel zu erreichen?	Was hindert das Ziel zu erreichen?	Was muss gemacht werden?
1. Genehmigung einholen	Entscheidende Vorbedingung	Gespräch mit Schulleitung	Schlechte Stimmung zwischen Lehrern und Schülern	Für gute Stimmung sorgen und Gespräch suchen
2. Kosten klären	Ohne Geld und Kostenkalkulation keine Zeitung	Kontakte zu Druckereien und möglichen Sponsoren, Preise und Zuwendungen erfragen	Viel Laufereien	Liste mit möglichen Ansprechpartnern erstellen
3.				

Abb. 2.7 Projektetappen

Übung:
Bitte führen Sie die nächsten Schritte durch!

Eine hilfreiche Vorlage, um den **Aktionsplan** zu visualisieren und besser kontrollieren zu können zeigt folgende Übersicht:

Aktionsplan

Was?	Kosten erfragen / Finanzierung sichern, Erstellung eines Kostenplanes
Wer?	Klaus, Micha, Beate
Mit wem?	Irmi, Nils
Wie?	Kostenaufstellung, Sponsorensuche, Druckerei fragen,
Womit?	Telefon, Brief, Gespräch,
Bis wann?	01.05.2013

Abb. 2.8
Aktionsplan

Einsatzmöglichkeiten

Das Projekt bzw. die Projektmethode eignet sich vor allem bei vielen komplexen Aufgaben, die zum einen offen hinsichtlich ihres Ergebnisses sind (sonst bräuchte man je nur einen konkreten Auftrag erteilen) und die Wert legen auf eine möglichst eigenständige Er- und Bearbeitung des Themas. Im Rahmen dieses Buches können wir nur einen sehr groben Überblick geben. Interessierte Leser seien daher an die Literatur verwiesen (z.B. Frey 1993).

Übung
Erstellen Sie Aktionspläne für die weiteren Arbeitspakete!

3

3. Gedanken ordnen und Themen strukturieren

3.1 Mind-Mapping

Allgemeine Hinweise

In diesem Kapitel wollen wir Ihnen eine Methode vorstellen, die es Ihnen erleichtert, schriftliche Arbeiten, Referate, Berichte etc. zu strukturieren und anzufertigen: Die Methode des Mind-Mappings. Grundgedanke ist dabei, dass Sie Ihre Idee (mind) in einer Karte (map) bildlich darstellen.

!

Mind-Mapping ist eine auf Bildern und Schlüsselworten basierende Methode, Notizen, Gedanken und Ideen festzuhalten, zu strukturieren und weiter zu entwickeln.

Mind-Mapping als Methode versucht die Erkenntnisse über die Funktionsweisen unseres Gehirns zu nutzen. Ziel ist es, sowohl die analytischen Fähigkeiten der linken Hirnhälfte, als auch die bildhaften und kreativen Fähigkeiten der rechten Hirnhälfte gleichermaßen auszuschöpfen und methodisch zu integrieren.

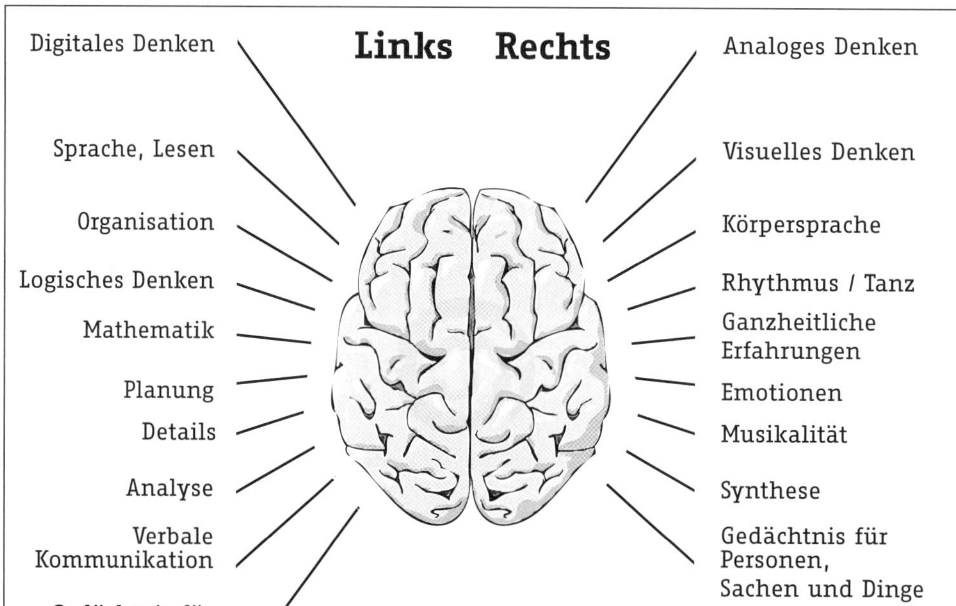

Nach Kirckhoff, Mogens „Mind Mapping", Gabal-Verlag, Offenbach 2004 (7. Auflage)

Abb. 3.1
Das Gehirn

Das linksseitige Zentrum ist zuständig für Sprache, Logik, Analysen, Fakten und Erfassen von Details. Hier finden wir das Gedächtnis für Sprache und Texte.

Das rechtsseitige Zentrum dagegen denkt in Bildern, sorgt für den Gesamtüberblick und ordnet allem Erlebten seinen spezifischen Gefühlswert zu. Es enthält das Gedächtnis für alles, was wir mit unseren Augen gesehen haben. Diese Seite des Gehirns versorgt uns mit Ideen und kreativen Impulsen.

Es gilt nun, die Stärken der beiden Hirnhälften (Hemisphären) so zu nutzen, dass diese in höchstmöglicher Kommunikation miteinander stehen, um das Ergebnis menschlicher Arbeitsprozesse zu maximieren.

Jede Erstellung eines Mind-Map (so wird das sichtbare Produkt der Methode Mind-Mapping genannt) startet mit einer kreativen Phase des freien Assoziierens, des „Brainstormings". Hier werden viele Ideen produziert, die anschließend in einer analytischen Phase für die endgültige Darstellung ausgewählt und strukturiert werden.

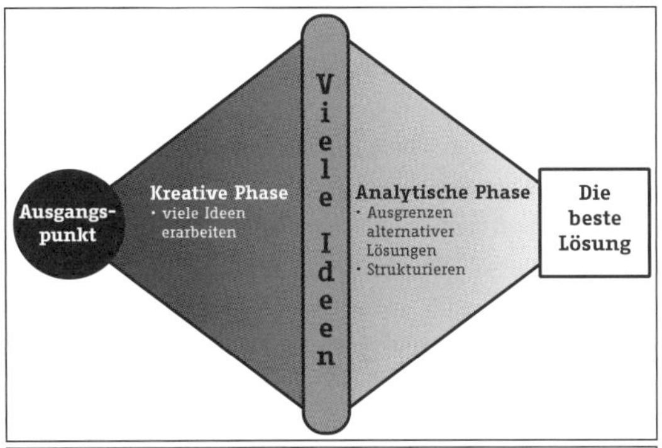

Abb. 3.2
Der Weg zur besten Lösung

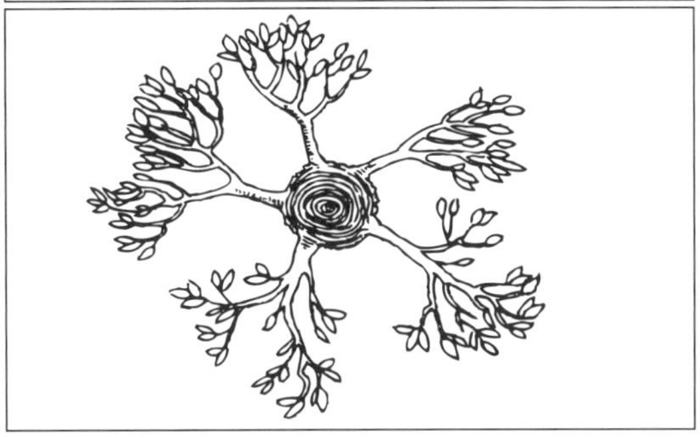

Abb. 3.3
Querschnitt eines Baumes

Mit Hilfe der Methode des Mind-Mapping lässt sich die gesamte Kapazität der geistigen Fähigkeiten individuell, schnell und umfassend nutzen. Das Mind-Map unterstützt das Gedächtnis und erweitert durch Assoziationen das Wissen.

Ausgehend von einem zentralen Punkt des Blattes wird das Thema des Mind-Map in Hauptäste und deren Zweige gegliedert und wahlweise mit individuellen Bildern, Symbolen und Pfeilen versehen.

Die Struktur des Mind-Map erinnert an einen Baum im Querschnitt von oben aus gesehen. Der Stamm bildet den Mittelpunkt, von dem aus die Haupt- und Nebenäste mit einer speziellen Ordnung in alle Richtungen abzweigen und Blätter treiben.

Übertragen wir dieses Bild auf das Thema Mind-Map, so ergibt sich für die Darstellung folgende Grundform:

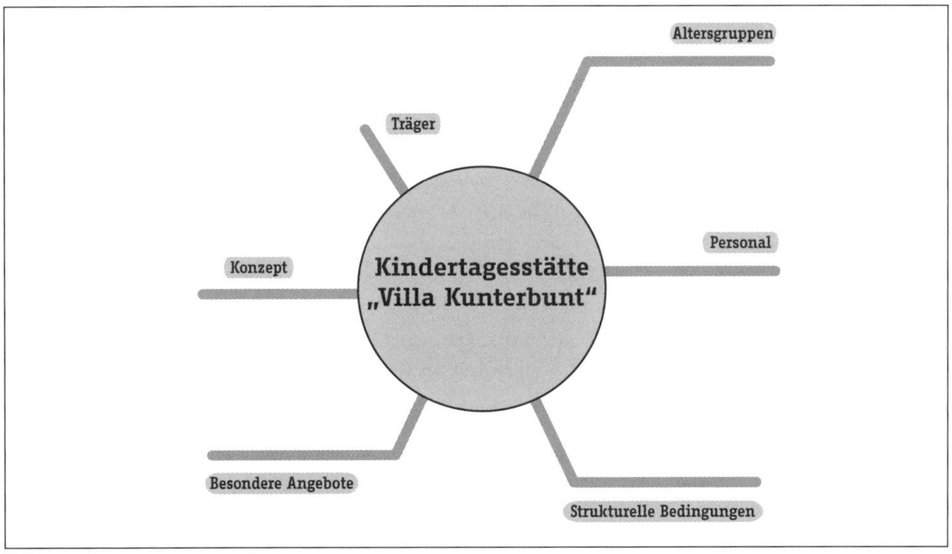

Abb. 3.4
Grundform eines Mind-Map

In der folgenden Übersicht haben wir einige Symbole dargestellt, die genutzt werden können, um besondere Aspekte innerhalb eines Mind-Map hervorzuheben. Der Fantasie sind dabei keine Grenzen gesetzt, man sollte jedoch darauf achten, aus Gründen der Übersichtlichkeit nicht zu viele Symbole zu verwenden.

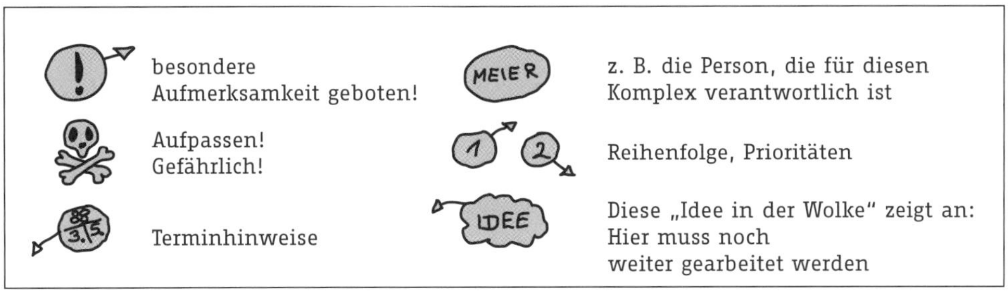

Abb. 3.5
Beispiele für Zeichen und Symbole zur Verdeutlichung

Ein Mind-Map wächst

Nehmen wir noch einmal das Bild des Baumes. Der Baum wächst vom Stamm her. Den Stamm eines Mind-Map stellt der Hauptbegriff bzw. das Thema dar. So wie der Baum immer weitere Äste austreibt, so wird der Hauptbegriff bzw. das Thema weiter „verästelt", also differenziert.

Am nachfolgenden Beispiel „Erstellung eines Referates zum Thema „Kindergarten" sollen die Schritte zur Erstellung eines Mind-Map verdeutlicht werden:

Tip

Tipps für das Erstellen von Mind-Map

- Zu Beginn sollten möglichst nur Hauptwörter (Substantive) verwendet werden. Prägnant zu formulieren ist dann lediglich eine Frage der Übung.
- Aus Gründen der Übersicht sollten nur Blockbuchstaben Verwendung finden.
- Die Verwendung von Farbstiften unterstützt die Übersichtlichkeit.
- Schreiben Sie die Begriffe so auf das Blatt, dass man diese anschließend alle aus einer Blickrichtung lesen kann. So ist man in der Lage, das Mind-Map mit einem Blick zu erfassen und muss das Blatt nicht während des Lesens wenden.
- Da ein Mind-Map nie fertig wird, sollte man viel Platz einplanen. Von DIN A3 bis zu Plakaten ist alles möglich.
- Kein Mind-Map wird auf Anhieb perfekt ausfallen. Berichtigungen und Korrekturen gehören zum schöpferischen Prozess. Sie können ein Radiergummi oder Korrekturflüssigkeit verwenden oder eine Fläche überkleben.
- Wenn sich die Nebenverästelungen am Papierrand verwirren, werden die Hauptäste zur besseren Übersicht eingekreist.
- Beansprucht ein einzelner Komplex verhältnismäßig viel Platz, sollte man besser von vorne beginnen und das Thema neu definieren. Vielleicht lässt sich das Thema genauer fassen oder sogar durch das Schlüsselwort des „überlasteten" Hauptastes ersetzen.
- Überall dort, wo die Verästelungsstruktur freien Platz lässt, können Symbole für gezielte Hinweise eingesetzt werden. Sie können gängige Zeichen wählen oder Ihrer Phantasie freien Lauf lassen. Setzen Sie die Symbole farblich ab.

1. Oberbegriffe

„Kindergarten" ist zunächst ein abstrakter Begriff, der weitere Konkretisierungen benötigt. Ohne nähere Bestimmung ruft dieser Begriff kein eindeutiges Gedankenbild hervor. Es werden also weitere Begriffe benötigt, um einen konkreten Kindergarten zu visualisieren. Daher muss entschieden werden, wie konkret das Gedankenbild schließlich werden soll. In abstrakten Zusammenhängen reicht das Schlüsselwort „Kindergarten" aus. Doch was assoziiert Ihr Gehirn bei dem Begriff „Familiengruppe"? Haben Sie irgendeinen Raum vor Augen oder das konkrete Bild einer Gruppe mit Kindern im Kleinkindalter?

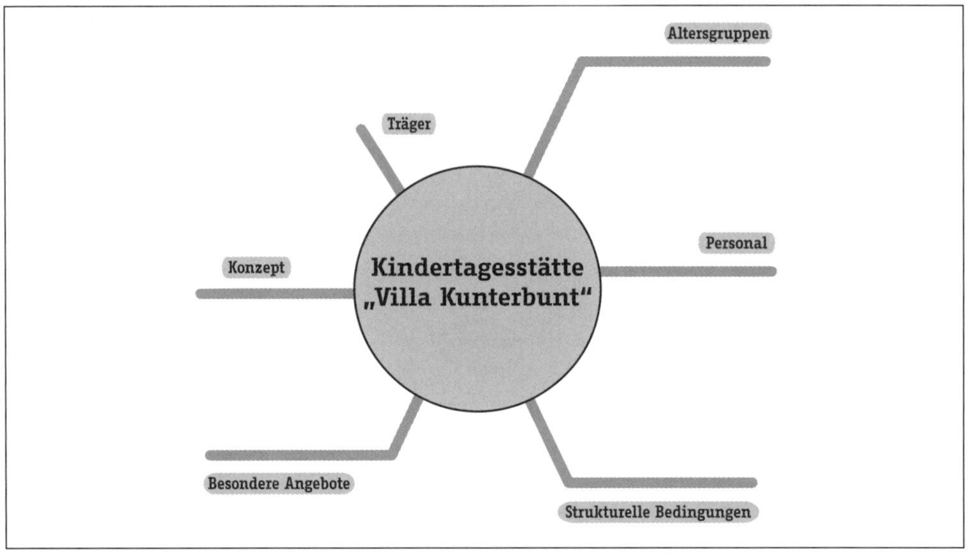

Abb. 3.6 Erster Schritt zum Thema „Kindergarten"

Übung
Führen Sie den ersten Schritt zur Erstellung eines Mind Map für ein Thema ihrer Wahl durch.

2. Differenzierung

Unser Mind-Map wächst. So kann beliebig unterteilt, hinzugefügt, verästelt werden. Es spielt keine Rolle, in welcher Reihenfolge die Begriffe in den Sinn kommen. Der Blick wandert ständig über das Papier, das Vorstellungsvermögen wird inspiriert und alle Assoziationen werden an der richtigen Stelle platziert.

Je weiter sich die Verästelungen vom Mittelkreis entfernen, desto mehr entwickelt sich die Begriffswelt und damit der Charakter der Schlüsselwörter - vom Allgemeinen zum Speziellen.

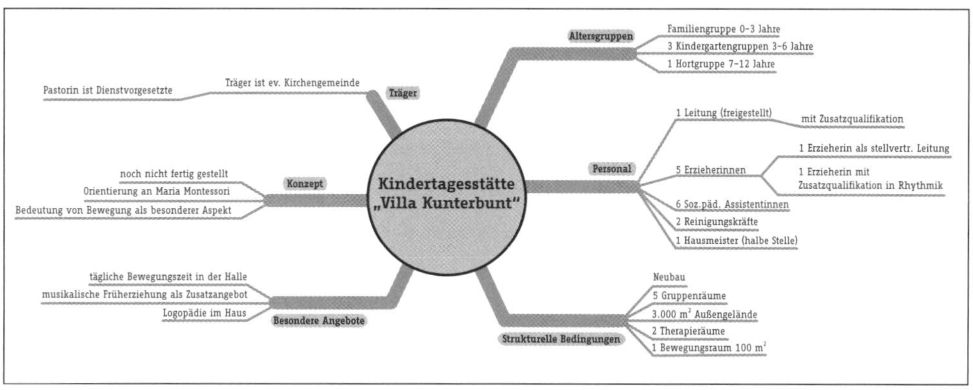

Abb. 3.7
Zweiter Schritt zum Thema „Kindergarten"

(s. Abb. in groß im Anhang, S. 104)

Übung:
Führen Sie auch den zweiten Schritt zur Erstellung eines Mind Map für das oben gewählte Thema durch.

3. Gewichtung

Nachdem in den ersten beiden Schritten das Mind-Map zunehmend differenzierter wurde, können wir nun mit Hilfe dieser Methode z. B. ein Referatmanuskript erstellen. Wir können Redeabschnitte zusammenfassen sowie Reihenfolge und Prioritäten festlegen.

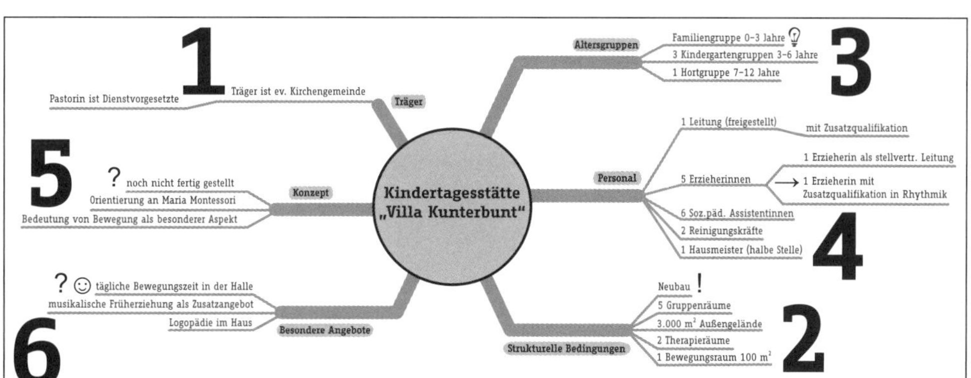

Abb. 3.8
Dritter Schritt zum Thema „Kindergarten"

(s. Abb. in groß im Anhang, S. 105)

Übung:
Entwickeln Sie im dritten Schritt die Struktur für ihr Referat zum oben gewählten Thema.

Einsatzmöglichkeiten für das Mind-Map

Durch seine Flexibilität sind die Einsatzmöglichkeiten des Mind-Mapping vielfältig. Es kann als individuelle Methode beispielsweise für Manuskripte, Reden und Unterrichtsnotizen eingesetzt werden. Mind-Mapping eignet sich insbesondere für Gruppen. Die zu diskutierenden, gemeinsam gesammelten Punkte werden visualisiert und sind dann Ausgangspunkt zur fachlichen Kommunikation und Vertiefung.

Übung
Ihre ehemalige Klassenlehrerin an der Realschule, die Sie besucht haben, bittet Sie, in ihrer 9. Klasse einen kurzen Vortrag über Ihre Ausbildung zur Heilpädagogin zu halten. Entwerfen Sie ein Mind Map zu dem Thema „Ausbildung zur Heilpädagogin".

3.2 Kartenabfrage - eine zweite ganzheitliche Methode

Allgemeine Hinweise

Die Kartenabfragemethode ist ein Verfahren zur ergebnisorientierten Gestaltung von Gruppengesprächen und -prozessen. Diese Technik bedient sich zur Visualisierung (Sichtbarmachung) der Diskussionsbeiträge einer Collage-Technik.

Zur Visualisierung vergleiche Kapitel 4.1

Ähnlich wie bei der Erstellung eines Mind-Maps werden Ideen, Gedanken, Assoziationen eben nicht nur visualisiert, sondern gruppiert und vernetzt. Dies ist eine gute Voraussetzung für eine zeitlich und inhaltlich effektive Weiterverarbeitung eines Themas. Ziel kann z.B. sein, dass aus der Vielfalt einer Fragestellung (wie etwa „Wo sehen wir die Stärken und Schwächen unserer Frühförderung?") gemeinsam ein Teilthema ausgesucht wird (wie z.B. der Entwicklungsschwerpunkt „Öffentlichkeitsarbeit"), welches die Mehrheit interessiert und dann konkret weiterbearbeitet werden kann. Zwei herausragende Vorteile sollen besonders betont werden:

- Ein Vorteil dieser Methode ist, dass durch eine aktivierende Beteiligung und Betätigung aller Teilnehmer besonders die zurückhaltenden, wenig redegewandten und scheuen Gruppenmitglieder in die Arbeit eingebunden werden.
- Darüber hinaus ist das (Zwischen-)Ergebnis zu jedem Zeitpunkt der Diskussion sichtbar (visualisiert). Die Gesprächsteilnehmer können dem Prozess der Diskussion folgen, indem sie jederzeit die Möglichkeit haben, mit einem Blick auf die Stelltafeln den Stand der Diskussion zu erfassen.

Kartenabfrage praktisch

Die Kartenabfrage ist eine sehr materialaufwändige Methode. Sie erfordert eine professionelle Moderationskompetenz, auf die im nächsten Kapitel intensiv eingegangen wird. Wichtig ist, dass sich der Moderator über seine Rolle bewusst ist!

Vergleichen Sie zum Thema Moderation das Kapitel 4.2!

Für die Durchführung der Kartenabfrage benötigen Sie:

- leichte Stellwände,
- große Plakatpapiere (z.B. für eine Stellwand),
- je nach Untergrund Klebestreifen oder kleine Nadeln,
- diverse Filzstifte in drei Farben,
- diverse Kartenformen und -farben, für die jeweils konkrete Bestimmungen definiert werden können.

Die Kartenabfrage gliedert sich in 6 Phasen:

Phase 1: Beginn der Kartenabfrage,
Phase 2: Karten beschriften durch die Teilnehmer,
Phase 3: Einsammeln,
Phase 4: Ordnen („clustern"),
Phase 5: Bewerten,
Phase 6: Mit den Ergebnissen weiter arbeiten.

Folgende Gesichtspunkte sollten in den einzelnen Phasen berücksichtigt werden:

Phase 1: Beginn der Kartenabfrage:

Während der Einstiegsmoderation werden notwendige Hinweise an die Teilnehmer gegeben (Ablauf, Zeit etc.) und Absprachen bezüglich der Vorgehensweise und der Zielsetzung getroffen:

- Die Teilnehmer werden zunächst über den groben Verlauf der Kartenabfrage informiert.
- Es werden Regeln für die Beschriftung der Karten besprochen und eventuell visualisiert.
- Regeln für die Beschriftung der Karten:
    - Ein Argument pro Karte,
    - maximal 7 Worte auf eine Karte,
    - maximal 3 Zeilen auf einer Karte,
    - große Schrift,
    - Gegenargumente sind erlaubt,
    - Blockschrift,
    - dicke Filzschreiber nutzen,
    - auf Sichtbarkeit aus 8 - 10 Metern achten,
    - Frage sind erlaubt.

Phase 2: Karten beschriften durch die Teilnehmer

Die Teilnehmer beschriften die Karten möglichst groß und deutlich. Nur ein Gedanke gehört auf eine Karte! Nötigenfalls werden weitere Karten beschriftet. Achten Sie aber darauf, dass es nicht zu viele Karten werden. Sie müssen alle auf die Stellwände passen. Es bietet sich auch an, für jede Fragestellung eine Farbe zu verwenden (beispielsweise rot für Contra-Argumente und grün für Pro-Argumente).

Phase 3: Einsammeln

Entweder sammeln Sie die Karten selbst ein oder aber sie werden von den Teilnehmern zusammengetragen. Gegebenenfalls können von den Teilnehmern Karten auch noch nachgereicht werden. Ab einem bestimmten Zeitpunkt aber sollte diese erste Arbeitsphase beendet sein.

Phase 4: Ordnen (Clustern):

In dieser Phase werden die Karten nach verschiedenen gemeinsam abgesprochenen Kriterien geordnet. Auf diese Weise erhalten Sie eine übersichtliche Struktur eines Themas oder einer Diskussion:

- Gemeinsam mit den Teilnehmern werden nun die Karten an eine Pinnwand gepinnt oder geklebt.
- Der Moderator liest dabei **jede** Karte vor und zeigt sie auch den Teilnehmern.
- In dieser Phase können auch Verständnisfragen geklärt werden.
- Die Karten können an der Wand nach Themen oder anderen Gemeinsamkeiten näher zusammengehängt oder weiter auseinandergehängt werden.
- Karten können während der Diskussion leicht wieder umgehängt und anders gruppiert werden. Karten, die nicht zugeordnet werden können, werden extra positioniert. (Stecknadeln sind hilfreicher als Klebestifte!)
- Die so gewonnen Gruppen werden nun durch die Teilnehmer mit Überschriften versehen. Der Moderator kann dazu etwas größere Überschriftenkarten verwenden.
- Nicht auflösbare Widersprüche, Konflikte oder Einwände können mit Pfeilen hervorgehoben werden.

Phase 5: Bewerten

In dieser Phase sollen die Teilnehmer durch eine Bewertung mit Punkten eine Gewichtung (Setzen von Prioritäten) zwischen den einzelnen Clustern vornehmen:

- Der Moderator gibt genaue Kriterien vor, z.B. Attraktivität, Wichtigkeit, Realisierbarkeit, etc.
- Die Teilnehmer werten, indem sie Klebepunkte den einzelnen Clustern zuordnen.

Phase 6: Ergebnisse weiterbearbeiten.

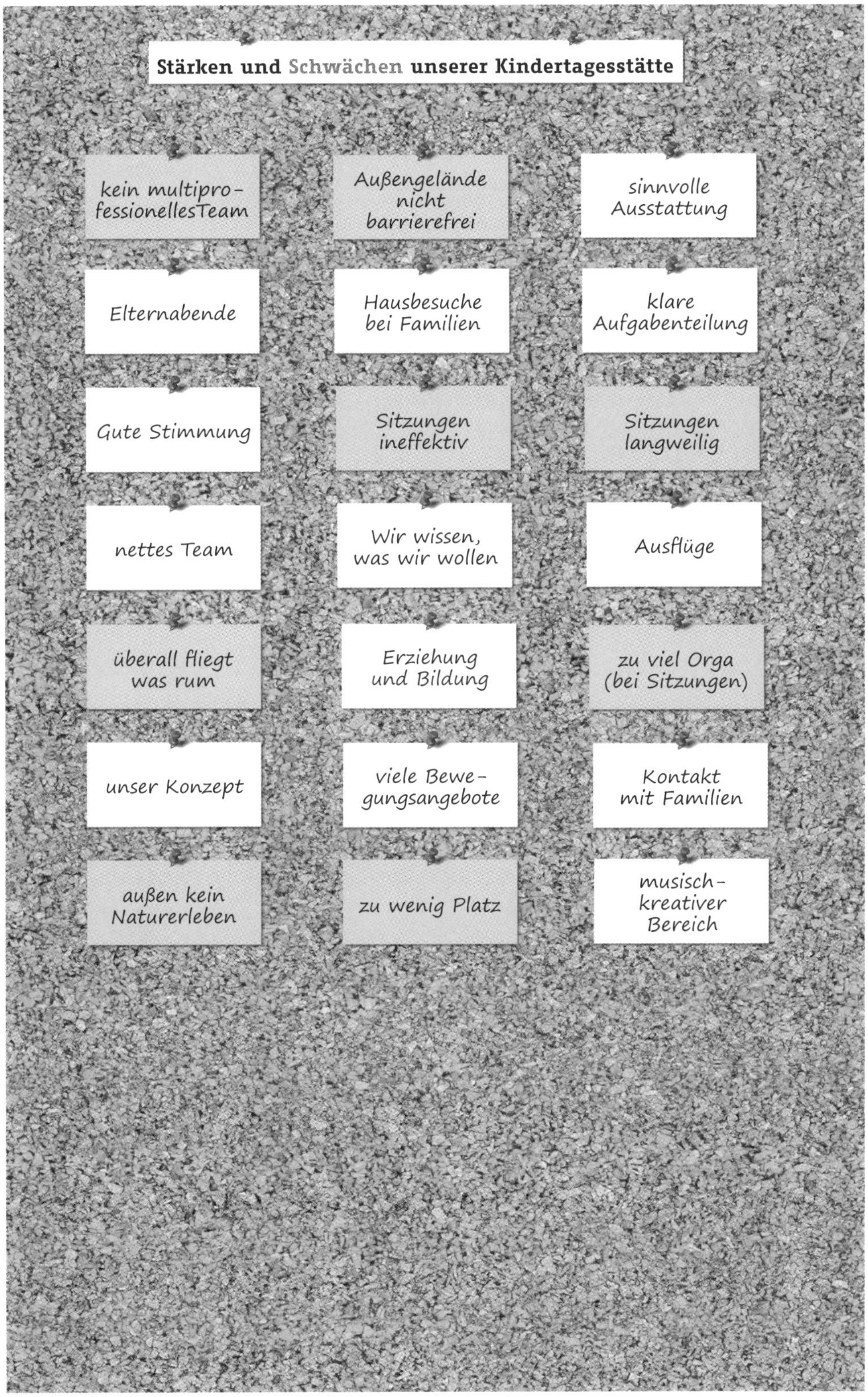

Abb. 3.9
Phasen 2 und 3: Beschriften und Einsammeln

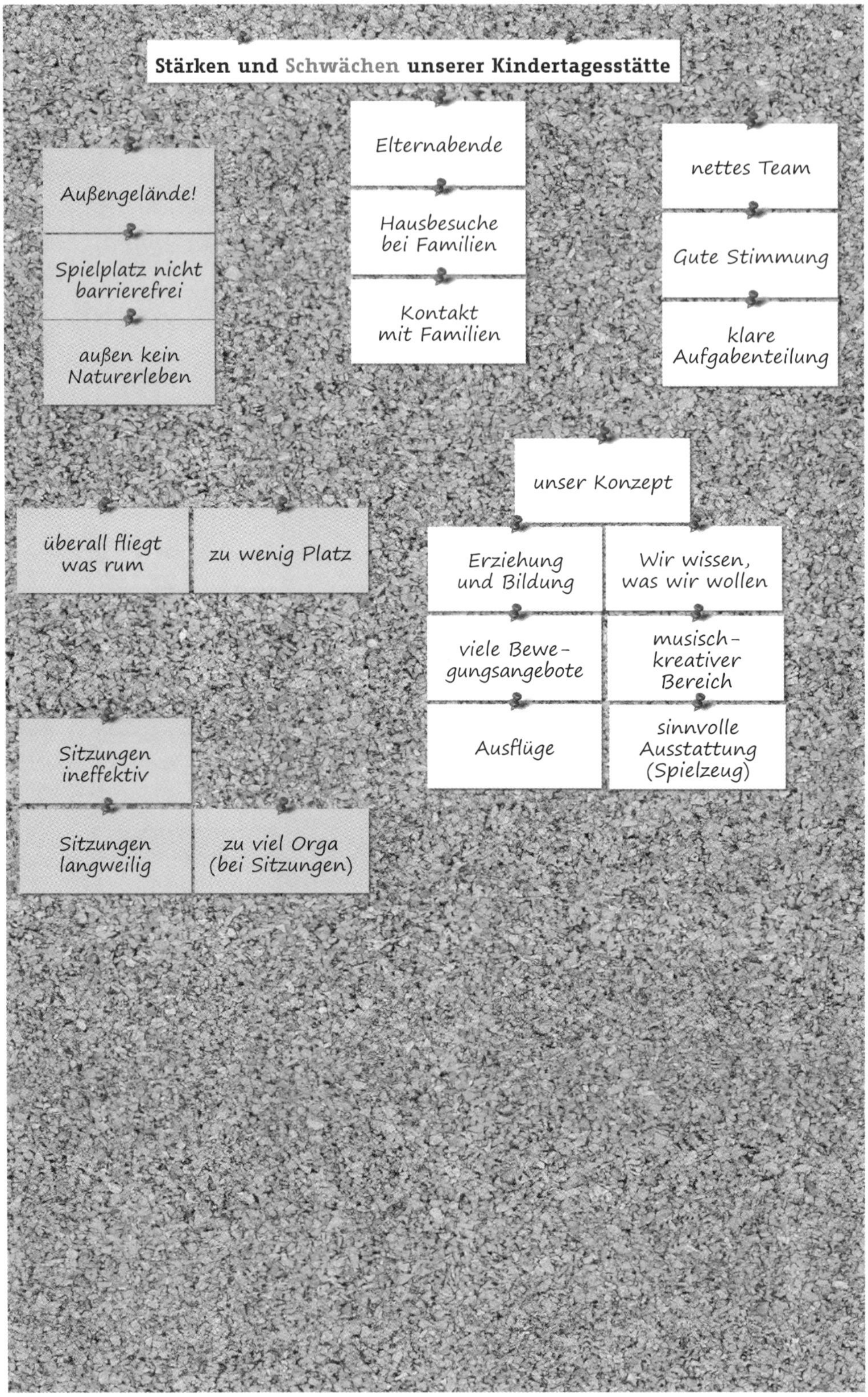

Abb. 3.10
Phase 4: Ordnen („Clustern")

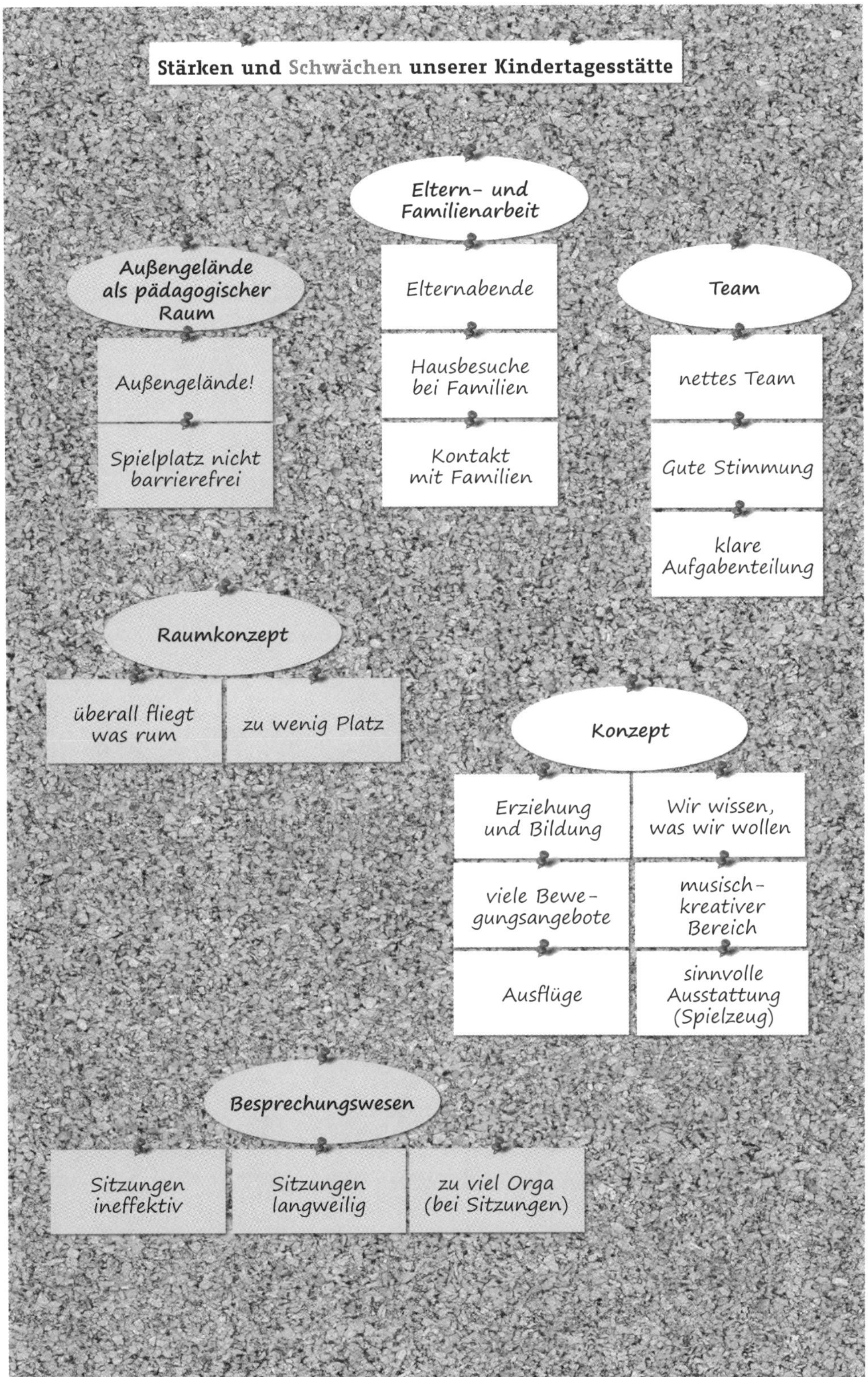

Abb. 3.11
Phase 4: Frau Schwarz bittet die Teilnehmer Überschriften für die einzelnen „Cluster" zu finden.

Im nächsten Schritt fragt Frau Schwarz die Teilnehmer, welche der herausgearbeiteten Bereiche sie für die wichtigsten halten und an welchem Bereich es sich in der näheren Zukunft zu arbeiten lohnt. Hierzu verteilt sie an jedes Teammitglied zwei Klebepunkte und bittet, diese entweder an einen Bereich oder jeweils einen Punkt an zwei Bereiche zu kleben.

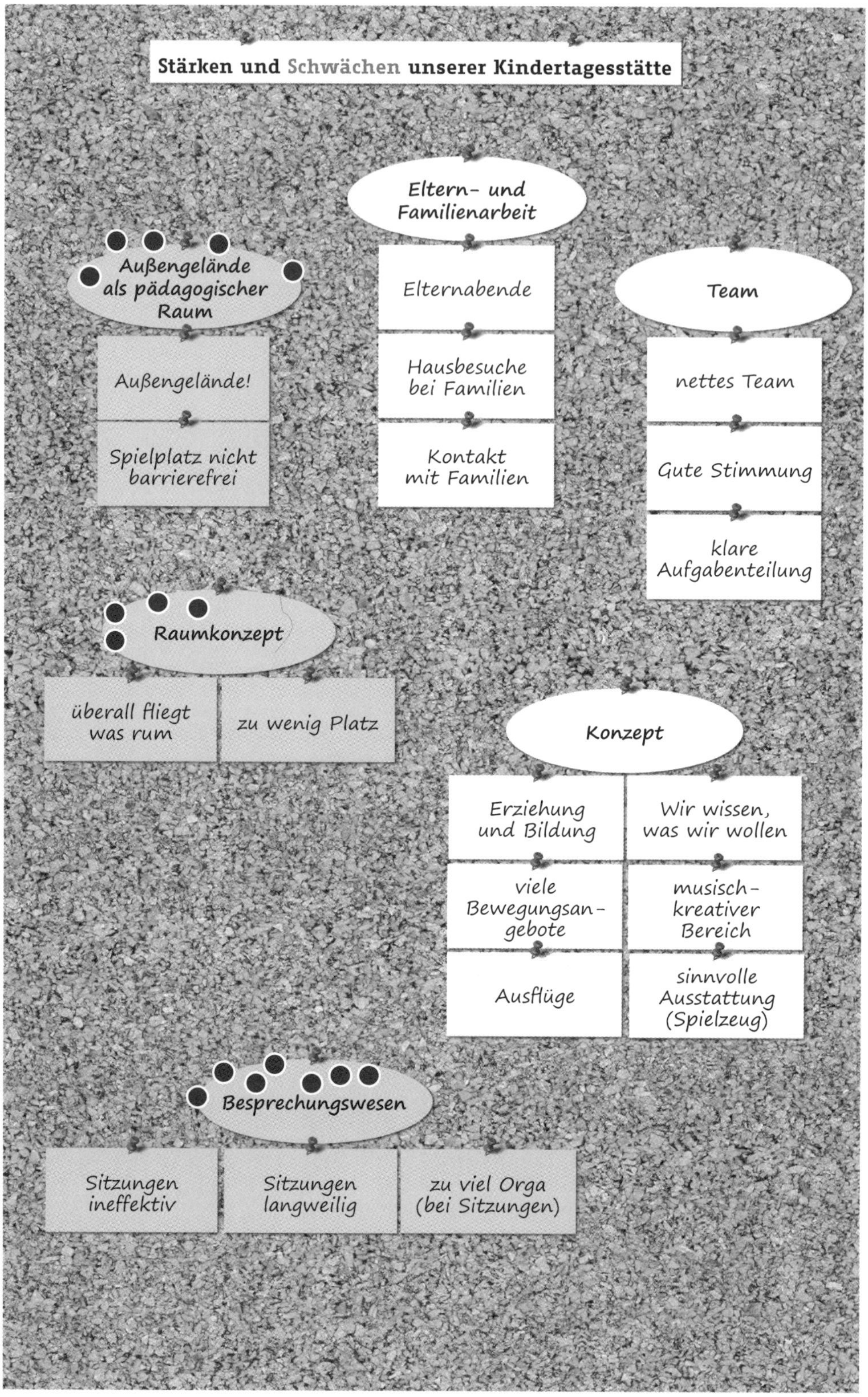

Abb. 3.12
Phase 5: Bewerten

Daraufhin einigt sich das Team auf die beiden Bereiche mit den meisten Stimmen und beschließt, zu den Themen „Gestaltung des Außengeländes als pädagogischer Raum" und „Besprechungswesen – Sitzungen und Gespräche effektiv gestalten" Gruppen gebildet werden und diese Maßnahmenkataloge erarbeiten, die dem Team zu Abstimmung vorgelegt werden sollen. Als Gesamtergebnis wird die Stellwand mit einer Digitalkamera abfotografiert und als Ausdruck dem Protokoll beigefügt. (Phase 6)

Einsatzmöglichkeiten der Kartenabfrage

Diese Methode ist nicht nur materialaufwändig, sondern verlangt vom Moderationsteam eine hohe Kompetenz. Trotzdem oder gerade deswegen ist es uns ein Anliegen hervorstechende Vorteile einer solch professionellen Methode zum Schluss aufzuzeigen:

- Durch das Ausfüllen und Aufhängen der Karten wird **jede** Meinung berücksichtigt und gleichrangig behandelt, so dass sich **jeder** Teilnehmer ernstgenommen fühlen kann.
- Das Ergebnis wird durch die Gruppe **gemeinsam** erarbeitet und daher auch als **gemeinsames** Ergebnis akzeptiert.
- Durch die Collage-Technik bleibt der aktuelle Argumentationsstand überschaubar und die Vernetzung des Themas wird sichtbar. Der Bezug einzelner Beiträge zum Stand der Diskussion bleibt bzw. wird nachvollziehbar.
- Jeder Teilnehmer wird aktiviert und mit einbezogen. Es kommt so nicht selten zu einer Ideenvielfalt mit besseren Ergebnissen.
- Die Methode strukturiert das Vorgehen, so dass zielstrebig ein Ergebnis anvisiert und erreicht wird.
- Unfruchtbare Einzeldiskussionen unterbleiben, da mit der Blitztechnik die Gegenargumente dokumentiert werden, die Bewertung aber erst abschließend bei der Punktvergabe durch jeden einzelnen Teilnehmer selbst vorzunehmen ist.
- Insgesamt bedeutet dies, dass eine höchstmögliche Transparenz und Selbstverantwortung gegeben ist.

4

4. Gedanken darstellen und Themen präsentieren

4.1 Visualisieren

Allgemeine Hinweise

Bei der Fülle an Informationen, denen wir häufig ausgesetzt sind, ist es notwendig geworden, Inhalte übersichtlich darstellen und vorstellen zu können. Zudem ist es oft hilfreich, gerade komplexe Informationen so darzubieten, dass sie nicht nur über einen „Kanal" (Ohr) aufgenommen werden, sondern, dass zusätzlich Bilder das Gesagte verdeutlichen und unterstützen. In diesem Kapitel wollen wir Ihnen Methoden nahe bringen, mit deren Hilfe Informationen zum Beispiel während eines Referates oder eines Berichtes bildhaft, d.h. visualisiert dargestellt werden können.

Visualisieren

!

Visualisieren heißt Informationen sichtbar zu machen.

In einer Visualisierung werden Informationen/Sachverhalte bildlich dargestellt.

Bei einer Visualisierung geht es nicht darum, das gesprochene Wort zu ersetzen, sondern vielmehr darum,

- „die Aufmerksamkeit der Empfänger zu konzentrieren,
- die Betrachter einzubeziehen,
- den Redeaufwand zu verkürzen,
- dem Publikum Orientierungshilfen zu geben,
- Informationen leicht(er) erfassbar/erfahrbar zu machen,
- Wesentliches zu verdeutlichen,
- Gesagtes zu ergänzen und zu vertiefen,
- das Behalten zu fördern,
- zu Stellungnahmen zu ermuntern." (Seifert 2011,S. 12)

Grundsätzlich sind bei einer Visualisierung der Phantasie keine Grenzen gesetzt. Dennoch gibt es einige Regeln, die einer guten Visualisierung zu Grunde liegen, die wir im Folgenden vorstellen wollen. Doch zunächst das wichtigste Prinzip: Eine gute Visualisierung zeichnet sich nicht dadurch aus, dass möglichst viele Darstellungen verwendet werden, sondern durch die Kunst des Weglassens:

!

Weniger ist mehr!

Vorbereitung einer Visualisierung

Ausgangspunkt einer jeden Visualisierung ist in der Regel ein bestimmtes Thema, das beispielsweise in einem Referat dargeboten werden soll. Ihr Ziel ist es, die Zuhörer nicht nur mit dem gesprochenen Wort zu überzeugen, sondern die zentralen Inhalte auch bildhaft darzustellen.

Um dies so effektiv wie möglich zu gestalten, sollten Sie in einem ersten Schritt z.B. mit Hilfe eines Mind-Maps alle möglicherweise brauchbaren Informationen zu einem Thema erfassen.

In einem zweiten Schritt treffen Sie eine Grobauswahl, um die Stofffülle zu reduzieren.

In einem dritten Schritt strukturieren und gewichten sie die Inhalte. Hierzu können Sie die folgenden Leitfragen verwenden:

- **Die Inhaltsfrag**e – Was will ich darstellen?
- **Die Zielfrage** – Was will ich mit meiner Darstellung erreichen?
- **Die Zielgruppenfrage** – Wen will ich informieren?

Wenn Sie auf diese Weise Ihre Visualisierung grob strukturiert haben, geht es nun daran, die entsprechenden Elemente zuzuordnen. Hierzu brauchen Sie Informationen über die Möglichkeiten der Darstellung und die Zusammenstellung einer Visualisierung.

Unter den Elementen einer Visualisierung versteht man die eingesetzten Medien und die Gestaltungselemente.

Elemente der Visualisierung

Medien

Medien für eine Visualisierung sind zum Beispiel

- Tafel,
- Plakat,
- Pinnwand (evtl. mit Packpapier),
- Whiteboard,
- Flip-Chart mit Flip-Chart-Bögen,
- Overhead-Projektor (OHP) mit Folien,
- Beamer und Laptop (z. B. PowerPoint).

Bei der Auswahl und dem Einsatz dieser Medien sollten Sie der Sinnhaftigkeit den Vorzug vor einer übermäßigen Technikfreude geben. Nicht immer ist eine Beamer-Präsentation angebracht! Entscheidend ist, ob das Medium zu dem Inhalt, der Situation und zu Ihnen als Person passt.

Besondere Hinweise zur Handhabung von Folien und PowerPoint

Vorteile dieser Medien sind u.a., dass

- sie leicht für die Teilnehmer zu vervielfältigen sind,
- ein Blickkontakt zu den Teilnehmern möglich ist,
- gleichzeitig andere Medien genutzt werden können.

Tipp

Tipps zur Handhabung von Folien:

- Verwenden Sie nur wenige Folien.
- Planen Sie pro Folie mindestens 5 Minuten Präsentation ein.
- Beschriften Sie sie mit wenig Text / Grafik in ausreichender Größe – maximal zwei Schrifttypen – Schriftgröße 30 pt.
- Verwenden Sie bevorzugt serifenlose und klare Schriften mit einem normalen Verhältnis von Mittel- zu Ober- und Unterlängen – z. B. Arial oder Verdana auf Windows-Rechnern oder Helvetica auf dem Mac.
- Verwenden Sie nicht mehr als ca. 20 Wörter oder ca. 7 Zeilen á ca. 6 Wörter.
- Nutzen Sie bei der Präsentation einen Laserpointer oder Zeigestab.
- Stehen Sie dabei den Teilnehmern zugewandt.
- Verwenden Sie eine Aufdecktechnik, bei der Schritt für Schritt Teile der Folie gezeigt werden – so können die Teilnehmer besser folgen.

Tipp

Tipps zur Handhabung von PowerPoint

Neben den eben genannten und weiter unten folgenden Tipps können folgende spezielle Hinweise hilfreich sein:

- Bedenken Sie, dass die Erstellung einer guten PowerPoint Präsentation zeitaufwendig ist.
- Nutzen Sie daher nicht die gesamte Vielfalt der Effekte, Animations- und Gestaltungsmöglichkeiten von Powerpoint – auch hier gilt: weniger ist mehr! Zu viele Effekte lenken die Teilnehmer ab.
- Achten Sie bei der Verwendung von Farben darauf, dass ein gutes Kontrastverhältnis zwischen Inhalten und Freiflächen besteht. Nicht alle Farbkombinationen, die auf Ihrem Bildschirm gut aussehen, sind in der Projektion mit einem schwachen Beamer noch gut lesbar! Halten Sie für den Notfall eine kontrastreichere Variante Ihrer Präsentation bereit.

- In die PowerPoint Präsentation gehören unterstützende, begleitende Inhalte, die ggf. bildhaft veranschaulicht werden sollen.
- Lesen Sie nicht ab.
- Verwenden Sie ggf. einen Laserpointer oder Zeigestab (nutzen Sie unter Umständen eine Fernbedienung.) der Schwerpunkt liegt immer noch auf dem mündlichen Vortrag.
- Wenn Sie Ihre Präsentation nutzen, um begleitend zu Ihrem mündlichen Vortrag Informationen anzuzeigen, dann richten Sie Ihre Präsentation so ein, dass ein Folienübergang manuell von Ihnen ausgelöst werden muss. Verwenden Sie auf keinen Fall automatische zeitgesteuerte Folienwechsel!
- Bei bestimmten Bildern oder Grafiken kann es notwendig sein, die Urheber- und Nutzungsrechte zu beachten!
- Rechnen Sie auch damit, dass die Technik nicht funktioniert (**vorher ausprobieren!**). Sorgen Sie für einen „Plan B" (z.B. OHP-Foliensatz in Reserve).
- Deaktivieren Sie den Bildschirmschoner und „reinigen" Sie den Desktop.
- Eine Präsentation (Folie oder Powerpoint) sollte nicht länger als maximal 30 Minuten dauern und nicht mehr als 10 Folien umfassen.

Hinweis

Bei einer Präsentation via Folie oder PowerPoint sollte der Redner und nicht die Folie im Mittelpunkt stehen!

Gestaltungselemente

Zentrale Gestaltungselemente für eine Visualisierung sind
- Text,
- Grafik und Symbole,
- Diagramme.

Das Gestaltungselement „Text"

Das geschriebene Wort ist die gebräuchlichste Form, Informationen sichtbar zu machen. Bezüglich der Gestaltung der Schrift gibt es einige einfache Regeln:

- Gute Lesbarkeit!
  - Immer Druckschrift verwenden,
  - einfache Schrifttypen verwenden,
  - sehr wenige unterschiedliche Schrifttypen verwenden.

- Lesegewohnheiten beachten!
  - Von links nach rechts schreiben,
  - Darstellungen immer links oben beginnen,
  - große und kleine Buchstaben nutzen,
  - Texte und Worte in „Sinneinheiten" zusammenfassen – achten Sie hierbei vor allem darauf, dass Sie keine sinnentstellenden Umbrüche im Text haben; vermeiden Sie Silbentrennungen.
    Also nicht:
    Geplante Anschaff-
    ungen für die Kita-
    Gruppe „Rote Hasen" im Herbst 2012:
    Sondern:
    Geplante Anschaffungen
    für die Kita-Gruppe „Rote Hasen"
    im Herbst 2012

Die vier „Verständlichmacher" – nicht nur für eine Visualisierung!

✓ **Einfachheit:**	Kurze Sätze bilden, geläufige Wörter verwenden.
✓ **Struktur:**	Der „rote Faden", Überschriften einfügen, optische Blöcke bilden.
✓ **Prägnanz und Kürze:**	Nur das Wesentliche aufschreiben.
✓ **Visuelle Anregungen:**	Dienen der Motivation der Zuhörer, Farben, Skizzen, Bilder verwenden.

Berücksichtigen Sie bitte folgende Besonderheiten:
- Packpapier und Flip-Chart-Papier sind gut mit dicken Filzstiften mit Schreibkanten zu beschriften.
- Für das Whiteboard können Sie ebenfalls dicke Filzstifte mit Schreibkanten benutzen. Sie sollten allerdings darauf achten, dass hier abwaschbare Stifte verwendet werden (non-permanent Marker)!
- Für die Beschriftung von Folien für den Overheadprojektor (OHP) können Sie wasserfeste und wasserlösliche Stifte verwenden.
- Papiervorlagen lassen sich durch kopierfähige Folien für den OHP nutzbar machen.
- Weiterhin gibt es Overhead-Folien, die sich in Tintenstrahl- oder Laserdruckern bedrucken lassen, so dass Sie Ihre digitalen Vorlagen „analogisieren" können.

Die Gestaltungselemente „Freie Grafik und Symbole"

Diese Gestaltungselemente sind als zusätzliche visuelle Anregungen zu verstehen. Mit Hilfe von freien Grafiken und Symbolen (✂ 🕮 ☎ ☺) können Informationen hervorgehoben oder verdeutlicht werden. Die zur Verfügung stehenden Grafiken und Symbole sind abhängig vom gewählten Medium. Bei Plakaten oder Pinwänden werden vorwiegend frei gezeichnete Grafiken eingesetzt. Als freie Grafiken bieten sich Pfeile und Linien ebenso an wie Kreise, Ovale, Umrahmungen und Unterstreichungen. Bei elektronisch erzeugten Visualisierungen steht eine unendliche Anzahl von sog. „Clip-Arts" zur Verfügung, die entweder in Programmen enthalten sind oder direkt aus dem Internet herunter geladen werden können.

Gestaltungselement „Diagramm"

Mit Hilfe von Diagrammen können Sachverhalte in standardisierter (d.h. vergleichbarer) Form dargestellt werden. Es gibt die unterschiedlichsten Formen von Diagrammen, die je nach Ziel der Visualisierung Anwendung finden können.

Es werden u.a. unterschieden:
- Liste und Tabelle,
- Säulendiagramm,
- Kurvendiagramm,
- Kreis- oder Tortendiagramm,
- Organigramm / Aufbaudiagramm,
- Ablaufdiagramm.

Listen und Tabellen eignen sich besonders, um wichtige Werte und Zahlen zu verdeutlichen. Achten Sie auf Lesbarkeit und Verständlichkeit. Benutzen Sie also keine komplizierten Formeln und packen Sie nicht zu viel Informationen in eine Liste oder Tabelle.

Mängelliste Turnraum

- Keine Haken für Schaukel
- Zu wenig Matten
- Zugige Fenster
- Keine Umkleidemöglichkeit
- ...

Jahr	Kinder
2005	78
2006	76
2007	85
2008	88
2009	110
2010	115
2011	116

Abb. 4.1
Liste und Tabelle

Unterschiedliche Formen von **Diagrammen** sind geeignet um Entwicklungen und Verteilungen darzustellen. Die folgenden Beispiele können das verdeutlichen. Achten Sie bitte auf eine ausreichende und informierende Beschriftung z.B. der Achsen und der Legende. Grundsätzlich gilt, dass ein Diagramm (fast) allein verständlich sein muss.

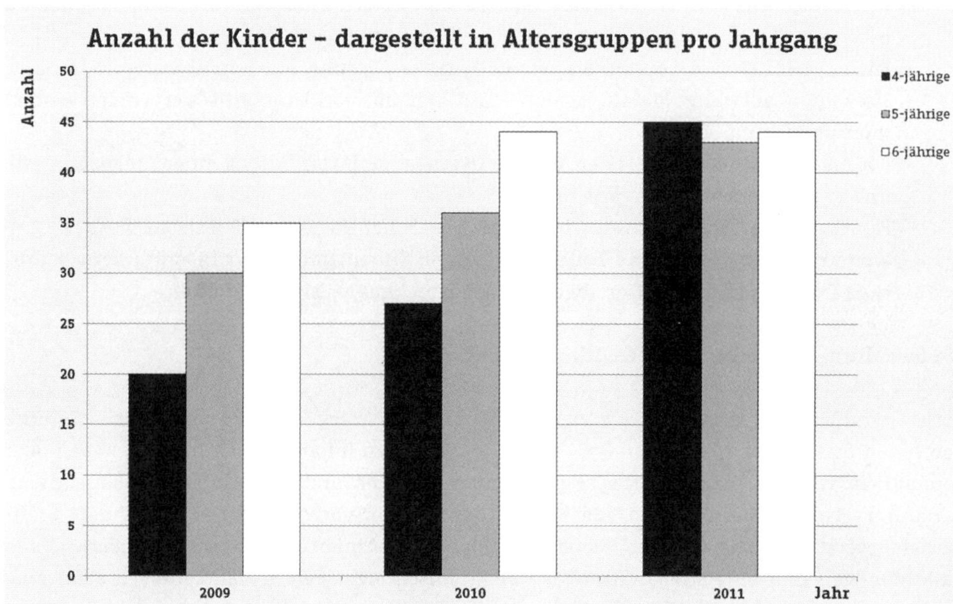

Abb. 4.2
Beispiel für ein Säulendiagramm

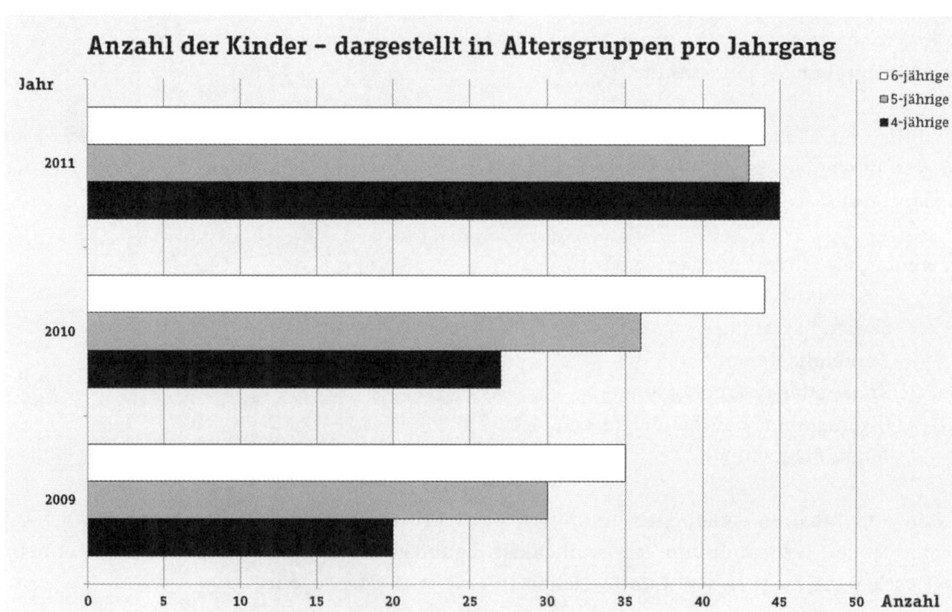

Abb. 4.3
Beispiel für ein Balkendiagramm

Kurvendiagramme eignen sich besonders um Entwicklungen darzustellen.

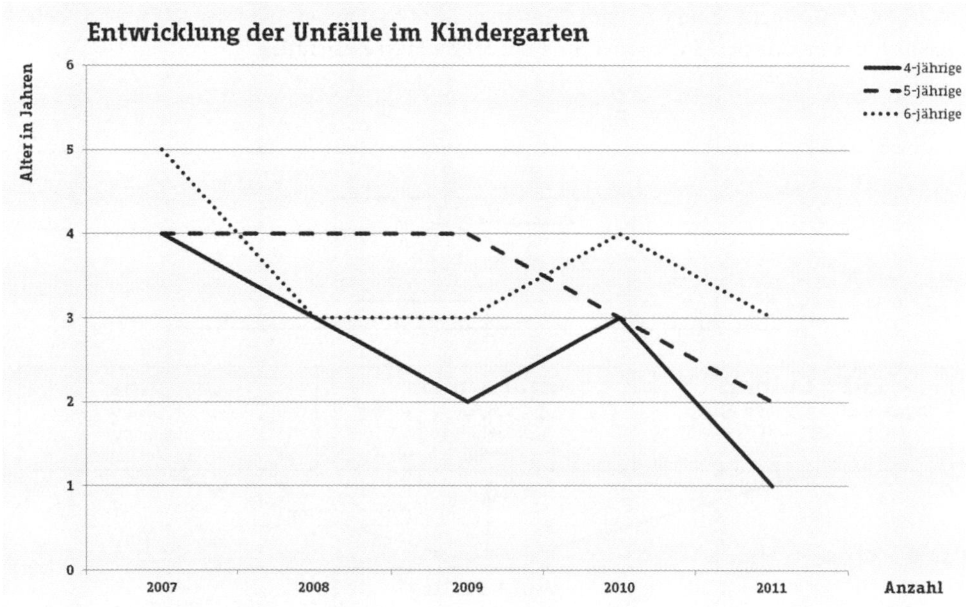

Abb. 4.4
Beispiel für ein Kurvendiagramm

Mit Hilfe von Tortendiagrammen lassen sich Verteilungen besonders gut darstellen. Achten Sie bitte auch hier auf die Beschriftung.

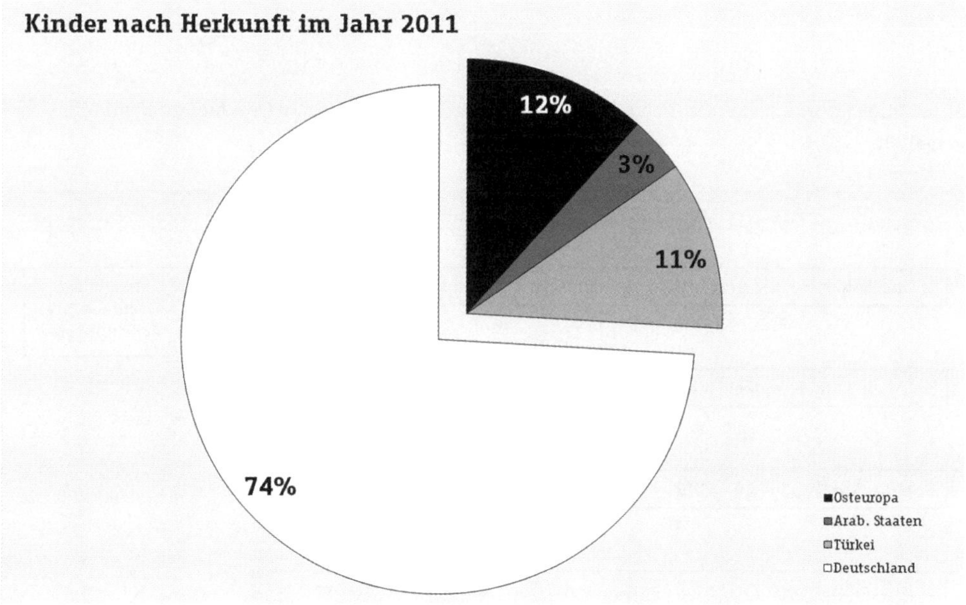

Abb. 4.5
Beispiel für ein Tortendiagramm

Durch **Organigramme** lässt sich der oft komplizierte Aufbau von Organisationen optisch übersichtlich darstellen. Auf diese Weise kann man einen schnellen Überblick über die Organisationsstruktur z.B. einer Schule oder eines Unternehmens bekommen, wie das folgende Beispiel bezüglich der beruflichen Funktionen in einer Kindertageseinrichtung

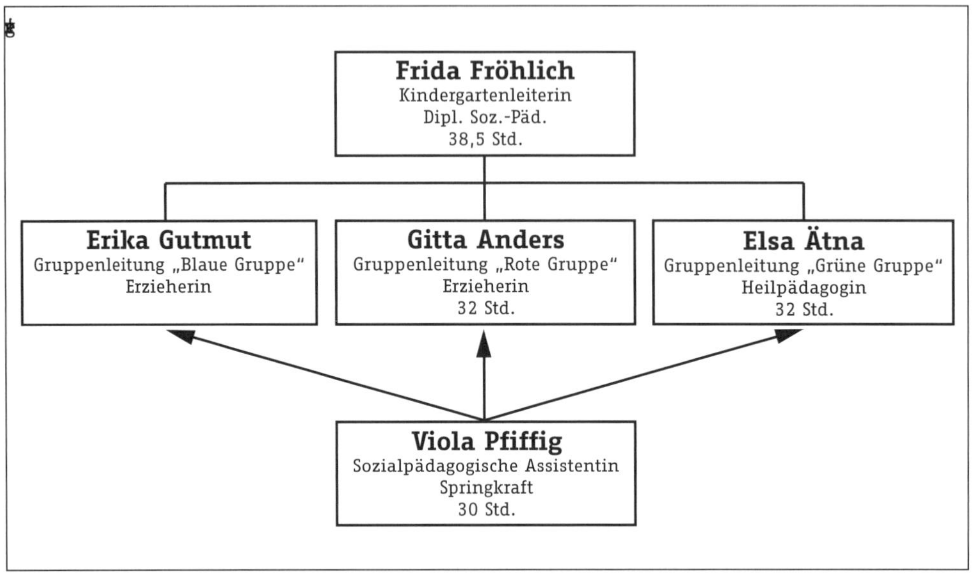

Abb 4.6
Organigramm

Ablaufdiagramme zeigen übliche Abläufe und werden mit möglichst einfachen Symbolen versehen.

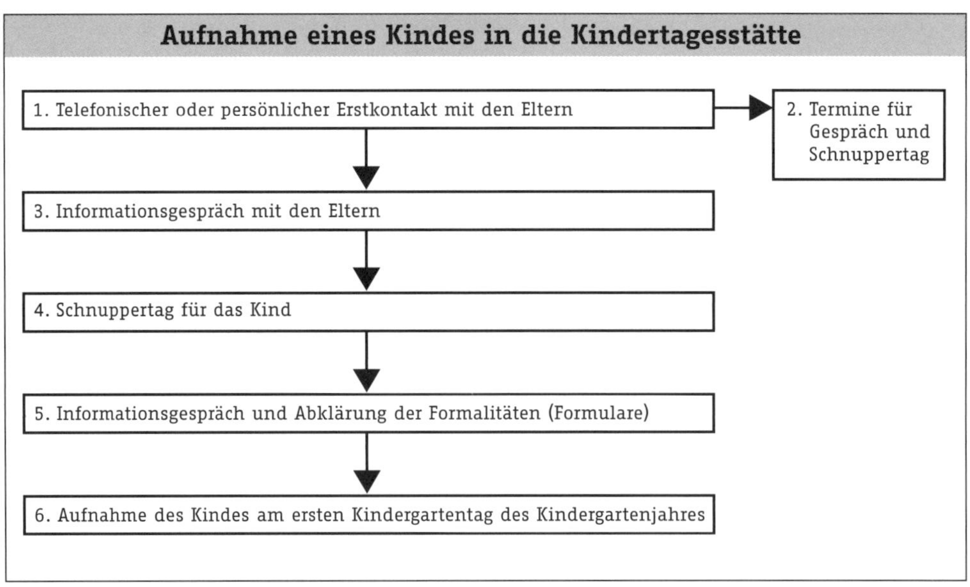

Abb 4.7
Ablaufdiagramm

Übung
Entwickeln Sie ein Organigramm für die Einrichtung (Wohnheim, Frühförderung, o.ä.) in der Sie ein Praktikum gemacht haben oder in der Sie tätig sind.

Eine Entscheidungshilfe für den Einsatz von Diagrammen findet sich bei Seifert 2011, S. 40:

Art der darzustellenden Infos	Art des Diagramms								
	Liste	Tabelle	Kurven	Säulen	Balken	Kreise	Organigramm	Aufbau	Ablauf
Aufzählung	X								
Datenzuordnung		X							
Absolute Werte	X			X	X				
Anteile eines Ganzen						X			
Organisationsstrukturen							X	X	
Aufbau, Zusammensetzung							X	X	
Entwicklungsverläufe			X						X
Gegenüberstellungen				X	X				
Abläufe			X						X

Abb. 4.8
Entscheidungshilfe

Zusammenstellung einer Visualisierung

Bei der Zusammenstellung der Elemente einer Visualisierung (Komposition) für einen konkreten Zweck ist darauf zu achten, dass die genannten Gestaltungselemente auf den entsprechenden Medien (Flip-Chart, Folie etc.) unter graphischen Gesichtspunkten zusammengefügt werden.

Auf folgende Punkte ist dabei zu achten:

- Blattaufteilung (insbesondere bei großen Elementen, wie Packpapier, wichtig)
- Logik und Anordnung (hängt von der Zielsetzung der Visualisierung ab).
- Farben und Formen

Dadurch können:

- wichtige Informationen und Zusammenhänge verdeutlicht werden
- Querverweise zwischen mehreren Darstellungen hergestellt und
- aufeinander folgende Darstellungen miteinander verbunden werden.

Verwenden Sie **maximal 3 Farben**
und **zwei Schrifttypen** pro Darstellung.

Setzen Sie
für **vom Sinn her zusammengehörende Sachverhalte**
immer die **gleiche Farbe und Form** ein.

Bilden Sie **Sinn-Blöcke**.

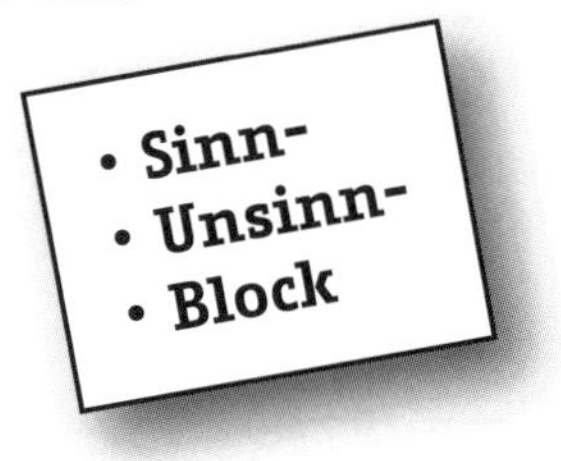

Heben Sie **Wichtiges** hervor.

Verwenden Sie auch die
Freifläche als Gestaltungselement.

Verzichten Sie auf **Abkürzungen**.

Nutzen Sie die Wirkung
der freien **Grafik**.

Hüten Sie sich vor zu perfekten Darstellungen.
Sie wirken oft zu glatt.

Testen Sie ruhig Ihre Visualisierung.
Der „Weg zum Bild" findet zuvor in Ihrem Kopf statt
und muss von anderen nachvollzogen werden können.

Abb. 4.9
Gestaltungstipps

4.2 Moderieren

Allgemeine Hinweise

Ein wesentlicher Aspekt der Arbeit in und mit Gruppen ist die Moderation, d.h. die Leitung einer Gruppenarbeit über eine längere Zeit. In diesem Kapitel werden Sie wichtige Hinweise zu der Aufgabe und den Methoden der Moderation erhalten. Die ursprüngliche Bedeutung des Wortes „moderat" (= gemäßigt) weist auf die Grundhaltung des Moderators hin: er ist ein zurückhaltender Leiter der Gruppenarbeit, der dezent aber klar den Verlauf der Arbeit bestimmt. Er ist Experte für die Methode, aber nicht für den Inhalt. Seine Aufgabe ist es, dafür zu sorgen, dass die Gruppe arbeitsfähig ist und bleibt, d.h. er ist ein Prozessbegleiter. Seine primäre Aufgabe ist es, für Transparenz im Vorgehen zu sorgen. Insofern bedeutet Moderation nach Seifert (2011, S. 89):

- Eine bestimmte Grundhaltung des Moderators,
- die Arbeit nach einer bestimmten Methodik,
- die Verwendung spezieller Hilfsmittel und Materialien.

Den größten Erfolg werden Sie haben, wenn Sie zu zweit moderieren! Auf diese Weise können Sie die verschiedenen Aufgaben auf mehrere Schultern verteilen. Beispielsweise kann, während ein Partner die Diskussion leitet, der zweite Partner auf die Gruppenprozesse oder die Zeit achten.

Formen der Moderation

Man kann folgende Formen der Gruppenarbeit unterscheiden, denen jeweils andere Moderationsregeln zugeordnet werden können:

- Meinungsbild/Diskussion,
- Erfahrungsgespräch,
- Entscheidungsprozess,
- Konfliktgespräch,
- Fallbesprechung.

Meinungsbild / Diskussion

Diese Form der Gruppenarbeit findet dann Anwendung, wenn ein kontroverses Thema behandelt werden soll wie z.B. „Soll im Kindergarten das offene Frühstück eingeführt werden?" oder „Dürfen Schüler rauchen?"

Regeln für den Moderator:

- Klares Thema formulieren,
- klare Struktur vorgeben wie z.B. Thema, Stellungnahmen an Argumenten, Diskussion, Zusammenfassung,
- klare Kommunikationsregeln vorgeben wie z.B.: keine persönlichen Angriffe, keine Monologe/Dialoge,
- Vorrang hat die Sachebene.

Erfahrungsgespräche

Diese Form der Gruppenarbeit kann Anwendung finden, wenn es beispielsweise darum geht, Erlebnisse aus einem Praktikum auszutauschen. Inhalt sind dann subjektive Sichtweisen, Erlebnisse und ähnliches. Diese Form kann als Zweier-, Dreiergespräch oder in der Gruppe stattfinden. Besonderes Kennzeichen dieser Form ist ihre Offenheit und Orientierung an den persönlichen Erlebnissen und Erfahrungen der Teilnehmer.

Für das Gespräch in der Gruppe gelten die eben genannten Regeln in gleicher Weise.

Entscheidungsprozess

Bei dieser Form der Gruppenarbeit geht es um die Herbeiführung einer Entscheidung. Wichtig ist, dass das Ziel genau festgelegt ist, damit die Teilnehmer wissen worüber zu entscheiden ist. Insofern ist die Arbeit problembezogen und sachorientiert. Stellen Sie sich darauf ein, dass eine gewisse Aggressivität eine Rolle spielen könnte.

Regeln für den Moderator:

- Wahrung strikter Neutralität,
- Zielformulierung,
- Vorbereiten und Einhalten der Entscheidungsstruktur,
- Begrenzen der Diskussion (z.B. durch zeitliche Vorgeben),
- Eingreifen bei Störungen,
- Zusammenfassung und Fixierung der Entscheidung.

Konfliktgespräch

Ziel eines Konfliktgespräches kann es sein, für Klarheit zu sorgen und gegebenenfalls eine Lösung herbei zu führen. Ergebnis eines Konfliktgespräches sind im Idealfall gemeinsam getragene Vereinbarungen.

Regeln für die Moderator:

- Der Moderator muss von beiden Konfliktparteien akzeptiert werden,
- Hilfestellung durch Verbalisierung oder Visualisierung der Argumente und Positionen,
- Vorgeben der Struktur der Sitzung und für die Einhaltung der Kommunikationsregeln sorgen.

Fallbesprechung

Innerhalb der heilpädagogischen Arbeit ist die Fallbesprechung ein wichtiges Element. Hier werden Fälle, zum Beispiel ein einzelnes Kind betreffend, vorgestellt und Probleme diskutiert. Fallbesprechungen können zu einer Entlastung der Pädagogin beitragen oder eine Entscheidungshilfe darstellen.

Regeln für den Moderator:

- Klare Zeitvorgabe und Struktur,
- nach der Vorstellung des Falls zunächst nur Informationsfragen zulassen,
- konkrete Fragestellung herausarbeiten,
- Initiative liegt beim Frage- / Problemsteller.

Aufbau einer Moderation

Zu einer Moderation gehören die Vorbereitung, Durchführung und Nachbereitung.

Vorbereitung einer Moderation

Der wichtigste Schritt auf dem Weg zu einer erfolgreichen Moderation ist die Vorbereitung. Folgende Aspekte sind bei einer guten Moderation zu berücksichtigen (vgl. Seifert 2011, S. 93):

- Inhalt,
- Methode,
- Organisation,
- eigene Person.

Inhaltliche Vorbereitung

Zwar hat der Moderator eine neutrale Haltung gegenüber dem Thema, er sollte sich aber dennoch in das Thema hineindenken können, um die passenden Fragen stellen zu können und sich auf die Zielsetzung der Veranstaltung vorbereiten. Voraussetzung einer erfolgreichen Moderation ist, dass Sie sich vergewissern, dass Sie als Moderator von den Teilnehmern akzeptiert werden und dass Sie ein Ziel für die Veranstaltung formulieren können!

Methodische Vorbereitung

Im Vorfeld einer Moderation nehmen Sie den Verlauf der Veranstaltung sozusagen gedanklich vorweg und überlegen, wie sie ablaufen könnte. In diesem Sinne erstellen Sie einen Moderationsplan (s.u.), der die einzelnen Schritte und die dazugehörigen Ziele und Methoden umfasst. Bedenken Sie, dass alles auch ganz anders laufen könnte. Möglicherweise ist es notwendig, einen „Plan B" in der „Hinterhand" zu haben für den Fall, dass Ihre ursprüngliche Planung nicht angenommen wird oder nicht funktioniert.

Phase	Ziel	Methode	Hilfsmittel	Zeit	Moderatoren
Gesamte Moderation	Beschluss über die Einführung einer Konzeption	Moderation	Moderationskoffer, Pinwände, Flip-Chart	170 Min.	A + B
1. Einstieg	Eröffnung, Konsens über Ziel herstellen	Vortrag	OHP, vorbereitete Plakate	10 Min.	A begrüßt, B stimmt Zielsetzung ab
2. Themen sammeln	Meinungsbild erstellen	Kartenabfrage	Karten, Stifte, Wand, Pins	30 Min.	A moderiert B pinnt
3. Themen auswählen	Gewichten	Punktabfrage	Klebepunkte	10 Min.	B moderiert, A Zeitwächter
4. Themen bearbeiten	Argumente bearbeiten	Arbeitsgruppen	Plakate, Stifte,	30 Min.	A moderiert B begleitet AG
5. Präsentation	Ergebnisse der Arbeitsgruppen	Präsentation	Stellwände	45 Min.	B moderiert A Zeitwächter
6. Entscheidung	Entscheidung herbeiführen	Punktabfrage	Plakate	15 Min.	A moderiert
7. Maßnahmen planen	Maßnahmen entwickeln	Maßnamenkatalog	Vorbereitete Plakate	15 Min.	B moderiert
8. Abschluss	Verabschiedung	Vortrag	OHP vom Beginn	15 Min.	A + B

Abb. 4.10 Tabelle Moderationsplan

Übung
Erstellen Sie einen Moderationsplan für eine Diskussionsveranstaltung zu dem Thema: Wie können wir eine inklusive Kindertageseinrichtung entwickeln?

Organisatorische Vorbereitung

Aus der inhaltlichen und methodischen Vorbereitung ergibt sich ein Katalog aus vorzubereitenden organisatorischen Aspekten: welche Materialien werden gebraucht, wie groß muss der Raum sein?

Persönliche Vorbereitung

Die persönliche Vorbereitung umfasst folgende Aufgaben:

- **methodisch**: Zusammenstellung von benötigtem Material wie zum Beispiel Pinnwand, Stellwände, Flip-Chart, Magnettafeln und ähnliches. Prüfen der Vollständigkeit des Moderationskoffers, rechtzeitige Einladung, Visualisierungen vorbereiten (Tagesordnung, Ablauf etc.),
- **fachlich**: Einarbeitung in das Thema zumindest in groben Zügen. Verschaffen Sie sich einen Überblick über die Thematik. Überlegen Sie sich mögliche Fragen, prüfen Sie welche Probleme auftreten könnten.
- **körperlich**: machen Sie sich fit für den Tag!
- **räumlich**: Seien Sie rechtzeitig vor Ort, d.h. deutlich vor Beginn der Veranstaltung! Dann können Sie in aller Ruhe folgende Aufgaben erledigen: Raumsichtung, Vorbereitung des Raumes: Stellen von Stühlen entsprechend der gewünschten Sozialform: U-Form, Reihen, Gruppentische o.ä., Prüfen der eventuell benötigten technischen Geräte (OHP, Video, Beamer oder ähnliches).

Durchführung einer Moderation

Ein möglicher Ablauf einer Moderation wird nun am Beispiel der Diskussion zum Thema „Brauchen wir eine Schülerzeitung?" und entsprechend des o.a. Moderationsplanes skizziert. Er gliedert sich in folgende Phasen:

- Einstieg,
- Themen sammeln,
- Thema auswählen,
- Thema bearbeiten,
- Ergebnisse vorstellen (= Präsentation),
- Entscheidung herbeiführen,
- Maßnahmen planen,
- Abschluss.

Phase 1: Einstieg

- Eröffnung der Sitzung: Begrüßung, Vorstellung der Moderatoren, eventuell Begrüßung von Referenten und/oder Gästen, Themenvorstellung und zeitlicher Ablauf. Methodenvorschlag: Visualisierungsmöglichkeiten verwenden.
- Abklären der Erwartungen: Welche Erwartungen haben die Anwesenden? Methodenvorschlag: Mind-Map.
- Abstimmen/Formulieren der Zielsetzung: Was wollen wir am Ende der Sitzung erreicht haben? Methodenvorschlag: Kartenabfrage.
- Abstimmen/Festlegen der Methodik: wie wollen wir vorgehen (Vorschlag vorbereiten!!).
- Klären der Protokollfragen: Wer schreibt das Protokoll?

Vergewissern Sie sich, dass die Gruppe jederzeit weiß, in welcher Phase der Arbeit sie sich befindet!

Stellen Sie Konsens über das Vorgehen her – nicht über den Inhalt!!!

Phase 2: Themen sammeln

- Formulierung einer präzisen, zielgerichteten Fragestellung und Visualisierung der Frage an der Pinnwand o.ä.
- Verteilen von Moderationskarten an die Teilnehmer und dann zur schriftlichen Beantwortung der Fragestellung auffordern.
- Karten einsammeln und an der Pinnwand ordnen und gemeinsam mit dem Plenum strukturieren (clustern).

Phase 3: Thema auswählen

- Formulierung einer zielgerichteten Fragestellung und deren Visualisierung an der Pinnwand.
- Themen gewichten lassen. Die Teilnehmer werden aufgefordert, mit Klebepunkten ihr Votum abzugeben. Mögliche Fragestellung: welches Thema wollen wir weiter bearbeiten?

Phase 4: Thema bearbeiten

In dieser Phase werden die Themen entsprechend der festgelegten Rangordnung bearbeitet. Gegebenenfalls bilden Sie Arbeitsgruppen.

Phase 5: Ergebnisse vorstellen (= Präsentation)

Die Ergebnisse aus den Arbeitsgruppen werden der Reihe nach präsentiert. In dieser Phase empfiehlt es sich, nur Verständnisfragen zuzulassen. Im Anschluss an die letzte Präsentation kann sich dann eine (kurze) Diskussionsphase anschließen.

Phase 6: Entscheidung herbeiführen

In dieser Phase wird auf der Basis des bisher Erarbeiteten im Plenum eine Entscheidung herbeigeführt. Achten Sie darauf, dass alle Teilnehmer den Eindruck haben, eine Grundlage für eine Entscheidungsfindung zu haben. Neu zu diskutieren oder bereits abgearbeitete Aspekte wieder aufzugreifen ist wenig hilfreich. Als Moderator müssen Sie an dieser Stelle für Klarheit sorgen und den Prozess deutlich steuern.

Phase 7: Maßnahmen planen

Es ist sinnvoll, die Veranstaltung mit konkreten Arbeitsaufträgen zu beenden, damit nicht der Eindruck aufkommt, man hätte (wieder einmal) viel geredet, es sei aber nichts dabei herausgekommen. Zwar gibt es natürlich Themen, bei denen die Debatte im Zentrum steht, oft aber ist es für alle Beteiligten befriedigender, wenn ein klares zielorientiertes Ergebnis am Ende steht. So können Sie auch das Gefühl stärken, dass es sich gelohnt, hat so hart zu arbeiten.

Visualisieren Sie die Matrix des Maßnahmenplans an der Pinnwand und tragen Sie die als notwendig erachteten Aktivitäten in die Matrix ein. Legen Sie für jede Maßnahme Verantwortlichkeiten und Termine fest und vereinbaren Sie gegebenenfalls Kontrollen.

Priorität	**Was**	**Ziel**	**Bis wann**	**Wer**	**Rückmeldung**
1	Bereichs-leitung fragen	Genehmigung einholen	nächsten Montag	Claudia	Info an Vorbereitungs-gruppe (VG)
2	Kontakt zur Druckerei	Preise einholen	In zwei Wochen	Bernt	Mail an VG
3	Kollegen / innen fragen, wer mitmacht	Bildung einer Redaktion	In einem Monat	Ingo, Rolf, Maike	Nächste Sitzung, 12.03. 12:00

Abb. 4.11 Tabelle Maßnahmekatalog

Phase 8: Abschluss

Die Abschlussphase dient dazu, den gesamten Prozess „rund" zu machen. Sie ruft den Anfang und die Zielsetzung in Erinnerung. Die Veranstaltung wird gemeinsam reflektiert. Sorgen Sie dafür, dass keine „offenen Enden" hinterlassen werden. Sprechen Sie dies Problem rechtzeitig an und finden Sie mit der Gruppe gemeinsame Lösungen. Möglicherweise müssen „Hausaufgaben" verteilt werden (Wann soll das Protokoll fertig sein? Sind bis zum nächsten Treffen Informationen einzuholen?) Schließlich muss die weitere Entwicklung/Vorgehensweise gemeinsam besprochen werden (Gibt es weitere Treffen? Gibt es z.B. Kontrollen der weiteren Arbeitsaufträge?) Als Moderator können Sie am Ende der Veranstaltung eine Zusammenfassung geben und eine feedback-Runde oder ein Blitzlicht durchführen, in der die Teilnehmer ihre Einschätzung der Veranstaltung geben können (Feedback-Regeln). Folgende Fragen können dann kurz beantwortet werden:

- Wurden meine Erwartungen erfüllt?
- Haben wir das Ziel erreicht?
- Habe ich die Arbeit als effektiv erlebt?
- Bin ich mit dem Ergebnis zufrieden?
- Habe ich mich in der Gruppe wohl gefühlt?

Zum Schluss: Verabschieden Sie die Teilnehmer/innen positiv! Danken Sie allen Beteiligten!

Sorgen Sie für einen positiven Abschluss!

Nachbereitung einer Moderation

Neben der Vorbereitung ist die Nachbereitung ein zentraler Bestandteil auf dem Weg zu einem guten Moderator. Rückblickend können Sie sich folgende Fragen stellen:

- Habe ich meine Ziele erreicht?
- Bin ich mit dem Ergebnis zufrieden?
- Bin ich mit dem Verlauf zufrieden?
- War meine Vorbereitung gut genug?
- Was kann ich beim nächsten Mal besser/anders machen?

Gute Fragen - schlechte Fragen

Neben den diversen Visualisierungsmethoden (siehe Kapitel 3.1) ist eine gute Fragetechnik von großer Bedeutung für das Gelingen einer Moderation. Sie können mit guten Fragen eine Diskussion lenken, für Offenheit sorgen, Arbeitsschritte abstimmen oder Themen zusammenbinden. Schlechte Fragen dagegen führen zu Verwirrung oder Unstimmigkeiten. Ihnen stehen verschiedene Frageformen zur Verfügung:

- **Offene Fragen** (W-Fragen: was, wie, warum, wieso, weshalb). Der Gefragte muss bei dieser Frageform frei formulieren und mehr als „Ja" oder „Nein" antworten.
  Beispiel: Wie wollen wir heute vorgehen?
- **Geschlossene Frage:** Diese Frageform zwingt zu einer Entscheidung.
  Beispiel: „Können wir jetzt zum nächsten Schritt übergehen?".
- **Alternativfrage:** Vorsicht! Eine solche Frage kann die Gruppe in zwei Lager spalten oder / und Einladung zur Übernahme der Leiterrolle eines Teilnehmers sein!
  Beispiel: „Sollten wir diesen Aspekt jetzt noch weiter bearbeiten oder zum nächsten Aspekt übergehen?"
- **Rhetorische Frage:** Eine solche Frage ist keine Frage einer guten Moderation!
  Beispiel: „Wollen wir uns denn noch ewig mit diesem Thema beschäftigen?"
- **Suggestivfrage:** Auch diese Frageform ist keine Frage für eine gute Moderation!
  Beispiel: Sie sind doch sicherlich auch der Meinung, dass wir jetzt bereits genug Zeit für diesen Schritt verwendet haben?"
- **Gegenfrage:** Diese Frageform kann zu einer Klärung von Erwartungen führen. Achtung: bei zu häufigem Einsatz wirkt es provozierend!

Beispiel: Frage: „Wann gehen wir endlich zum nächsten Schritt über?" Gegenfrage: „Wozu fragen Sie?"

- **Zurückgegebene Frage:** Fragen zum Vorgehen werden im Sinne einer zurückgebenden Frage am besten mit den Teilnehmern gemeinsam geklärt. Dies stärkt die Selbstverantwortung der gesamten Gruppen für das Gelingen der Sitzung.
  Beispiel: Frage: „Müssten wir über diesen Punkt nicht abstimmen?" Frage zurück: „Was meinen die anderen?"

Probleme und Lösungen

In jeder Moderation gibt es Probleme und Fallen, in die man als Moderator tappen kann. Bedenken Sie bitte: eine perfekte Moderation gibt es nicht – Fehler sind normal und immer Anlass zum Lernen. Entscheidend ist, dass Sie nicht versuchen Fehler zu vertuschen, sondern sich zu ihnen bekennen, das zeugt von Souveränität!

Im Folgenden wollen wir einige typische Situationen herausgreifen und entsprechende Lösungen vorstellen. Grundsätzlich gilt:

Störungen haben Vorrang!

Thematisieren Sie die Störung! Das heißt, dass Sie aus dem gerade laufenden Prozess aussteigen. Formulieren Sie dabei eine Ich-Botschaft!

- „Ich erlebe gerade, dass viel Unruhe entsteht."
- „Ich kann mich nicht konzentrieren."
- „Nach meinem Eindruck wird jetzt ein neues Thema diskutiert."

Die Gruppe hat die Verantwortung: Die Schlüsselfrage lautet auf der Metaebene: Wie wollen wir gemeinsam dieses Problem lösen! Erinnern Sie ggf. an die gemeinsam verabredeten Regeln!

Hier nun einige weitere Beispiele für mögliche Störungen:

Problem	Lösung
Gruppe macht nicht mit!	Gehen Sie auf die Metaebene und klären Sie nochmals die Ziele und Methoden.
Gruppe akzeptiert vorgeschlagene Methodik nicht	Hier gilt der Grundsatz: Die Gruppe hat die Entscheidung! Trotzdem sollten Sie nie ohne Not die eigene Methode in Frage stellen, weil manchmal Ängste der Teilnehmer Grund für Ablehnung ist. In diesem Fall erläutern Sie den Sinn und Zweck der Methode.
Methodik funktioniert nicht	Machen Sie eine Pause, gehen Sie auf die Metaebene, und beginnen Sie nach Abstimmung mit der Gruppe neu!
Es entsteht Zeitdruck	Auch hier gehen Sie auf die Metaebene und führen eine gemeinsame Klärung herbei.
Vielredner dominieren die Gruppe	Durch gezieltes Nachfragen versuchen Sie den Vielredner auf den Punkt zu bringen: Was meinen Sie genau? Worauf wollen Sie genau heraus? Rufen Sie gegebenenfalls die vereinbarten Kommunikationsregeln in Erinnerung.
Es werden Killerphrasen verwendet	Fragen Sie konkret nach: Was habt Ihr damals gemacht? Was genau weiß jeder? Schreiben Sie die Phrasen an die Tafel und machen Sie sie transparent. Versuchen Sie Killerphrasen nicht als Angriff sondern als Meinungsäußerung aufzufassen und nehmen Sie sie ernst.

Abb. 4.12 Tabelle Probleme und Lösungen

Beispiele für Killerphrasen:

- Das weiß doch jeder!
- Da werden unsere Leute nicht mitmachen!
- Wir haben kein Geld!
- Dazu reicht die Zeit nicht aus!
- Herr Professor XY sieht das aber ganz anders!
- Die Wissenschaft hat festgestellt...
- Das hat schon damals nicht funktioniert!
- Das haben wir schon mal probiert!

Killerphrasen beinhalten oft eine Wertung – entweder hinsichtlich des Themas oder der Methode. Das Typische einer solchen Phrase ist, dass sie diese Wertung nicht transparent macht, sondern verdeckt. Sie gleichen einer Spieleröffnung. Lassen Sie sich auf Killerphrasen ein, haben Sie das Spiel schon verloren. Eine nicht enden wollende Debatte schließt sich an und führt dazu, dass die Teilnehmer an Freude und Kreativität verlieren. Versuchen Sie also, das Spiel gar nicht erst mitzuspielen.

4.3 Präsentieren

Allgemeine Hinweise

Eine Präsentation (= Vorstellung) ist eine Veranstaltung, bei der einem Publikum vorbereitete Inhalte mit Hilfe besonderer Methoden und Techniken vorstellt werden. In der Präsentation fließen Elemente der Moderation und der Visualisierung zusammen. Ziel einer Präsentation kann es sein:

- zu informieren,
- zu überzeugen,
- zu motivieren.

Eine Präsentation ist nur so gut wie ihre Vorbereitung.
Vorbereitung ist aber weniger Kunst als Fleiß.

Am Beispiel der Präsentation der Ergebnisse eines Unterrichtsprojektes zum Thema „Spiele in der Natur" wollen wir im Folgenden wesentliche Aspekte dieser Methode verdeutlichen.

Zu einer Präsentation gehören eine professionelle Vorbereitung, Durchführung und Nachbereitung.

Vorbereitung einer Präsentation

Die Vorbereitung auf eine Präsentation umfasst sechs Punkte:

- Thema
- Ziel
- Zielgruppe
- Inhalt
- Organisation
- Vorbereitung auf Thema und Ziel

Das Thema der Präsentation hat den Charakter einer Überschrift. Hier: „Spiele in der Natur". Das Ziel muss konkreter lauten: „Welche Möglichkeiten des kindlichen Spiels bietet die Natur?" Die weitere Planung muss sich nun dieser Zielsetzung unterordnen. Es finden also nur Informationen Verwendung, die diesem Ziel dienen. Achtung: Lassen Sie keine Nebenthemen zu! Oder deklarieren Sie sie klar als „Exkurs".

Vorbereitung auf die Zielgruppe

Die Leitfragen einer Vorbereitung auf die Zielgruppe lauten:

- Wer wird dabei sein?
- Wie groß wird die Gruppe sein?
- Gibt es in der Gruppe Gemeinsamkeiten?
- (Alter, Geschlecht, Beruf, Kenntnisse, Erfahrungen, Befindlichkeiten...)
- Welches Interesse könnte der einzelne Teilnehmer haben, zur Veranstaltung zu kommen?
  - Welche Einstellung hat er zum Thema?
  - Welche Erwartungen hat er an das Thema?
  - Welche Einstellungen hat er zu mir - z.B. als Präsentierenden?
  - Welche Erwartungen hat er an mich ?
  - Welche Einstellungen haben die Teilnehmer zueinander?

(vgl. Seifert 2011, S.51f.)

Die Beantwortung dieser Fragen dient dazu, sich auf Ablauf und Inhalt optimal einstellen zu können. So ist es ein Unterschied, ob Sie eine Thematik wie z.B. „Dürfen Kinder Fernsehen?" mit Eltern, Lehrern oder Kindern bearbeiten wollen. Bei unserem Beispiel wird sich die Zielgruppe aus den Studierenden zusammensetzen (Größe und Zusammensetzung). Die Präsentation ist eingebettet in eine längere Unterrichtseinheit / Seminar zum Thema „Natur erleben". Andere Arbeitsgruppen haben also zu ähnlichen Themen gearbeitet und sind in gewisser Weise vorinformiert (Gemeinsamkeiten).

Vorbereitung auf den Inhalt

Dieser Schritt beinhaltet drei Teilschritte:

1. Auswahl: Hierzu gehört das Sammeln und Auswählen von Unterlagen und Materialien zu dem betreffenden Thema. Trennen Sie Wichtiges von Unwichtigem um eine überschaubare und handhabbare Menge an Informationen zu erhalten.

Die 3 Siebe des Sokrates:
Wahrheit: Ist es wahr?
Güte: Ist es wenigstens gut?
Notwendig: Ist es überhaupt notwendig?

2. Ordnen: In diesem Teilschritt sortieren und ordnen Sie das Material nach folgenden Gesichtspunkten:

- Neue Informationen haben Vorrang
- Information bezüglich der Zielgruppe haben Vorrang
- Vom Wichtigen hat das Wesentliche Vorrang.

Bedenken Sie: Weniger ist mehr!!! Nicht die Menge an Information ist entscheidend, sondern die Art und Weise, wie Sie sie präsentieren!

3. Visualisieren: Hier geht es um das Bildhaftmachen der ausgewählten Inhalte. Ordnen Sie die Materialien in Haupt- und Unterpunkte und wählen Sie entsprechende Visualisierungsmethoden (OHP, Beamer, Flip-Chart...) aus.

Zu diesem Punkt verweisen wir auf die Abschnitte Mind-Map (Kapitel 3.1) und Visualisierung (Kapitel 4.1).

Wir behalten

20% vor dem was wir hören,
30 % von dem, was sehen,
80% von, was wir selbst formulieren können,
90% von was wir selbst tun können.

Vorbereitung auf die Organisation der Präsentation

Eine umfassende organisatorische Vorbereitung berücksichtigt die folgenden Punkte:

- Ort/Raum
- Medien
- Zeitpunkt/Dauer/Pausen
- Einladung
- Unterlagen für die Teilnehmer
- Persönliche Vorbereitung

Ort und Raum:

- Ist der Raum in einem ordentlichen Zustand (sauber, gelüftet)?
- Genügt der Raum den Anforderungen? (z.B. bezüglich der Medien, Verdunkelungsmöglichkeiten)
- Findet jeder Teilnehmer den Raum? (Beschriftung, Wegweiser)
- Welche Sitzordnung wähle ich? (Stuhlkreis, mit/ohne Tische, U-Form, Reihen etc.)

Medien:

Prinzipiell gilt: Unterstützt das von Ihnen ausgewählte Medium Ihre Zielsetzung des Themas? (z.B. wäre bei einer Diskussion ein 90 Minutenfilm unangemessen) Anhand folgender Fragen können Sie sich gut hierauf vorbereiten:

- Sind alle technischen Hilfsmittel vorhanden und funktionstüchtig?
- Brauche ich eine Leinwand?
- Sind die Wände benutzbar? (zum Ankleben von Papier etc.)
- Ist genügend Papier auf dem Flip-Chart?
- Ist der Moderationskoffer vollständig? (Stifte sauber und gefüllt etc.)
- Ist Wandzeitung vorhanden?
- Sind die Tafeln und Whiteboards sauber?
- Sind genügend Steckdosen vorhanden? (ggf. Mehrfachstecker besorgen)
- Wo ist ein Kopierer?

	Einzelpersonen	**Kleinstgruppen (bis 7 Pers.)**	**Kleine Gruppe (bis 21 Pers.)**	**Große Gruppen (21-50 Pers.)**	**Publikum (> 50 Pers.)**
A3-Papier	Gemeinsame Notizen Tisch-Flipchart für Präsentation	Für Gruppenarbeit. Es wird mehr aufgeschrieben als auf Moderationskarten. Der „Schreiber" kann in der Gruppe sitzen bleiben. Zum Präsentieren aufhängen an Wand, Pinwand, Flipchart.	Als Kleinstposter mit eher großen Buchstaben und Grafiken schrittweise an Pinwand aufhängen, Grafiken können vorher sauber vorbereitet werden.	Als Kleinstposter mit eher großen Buchstaben und Grafiken schrittweise an Pinwand aufhängen, Grafiken können vorher sauber vorbereitet werden.	Allenfalls als Farbtupfer auf Pinwänden
Flipchart	Gemeinsam aufstehen, gemeinsam skizzieren und diskutieren	Gruppe könnte gemeinsam aufstehen und diskutieren. Meistens steht einer und schreibt, die anderen sitzen. Wenn man umblättert, geht die Übersicht verloren. Abreißen und aufhängen!	Übersichten wie Agenda, Skizzen aus der Hand während Diskussionen, Brainstorming-Listen. (Halb) fertige Grafiken. Umblättern! Übersicht?	Übersichten wie Agenda, Skizzen aus der Hand während Diskussionen, Brainstorming-Listen. (Halb) fertige Grafiken. Umblättern! Übersicht?	Allenfalls für Kernbotschaften in wenigen Worten mit großen Buchstaben.
Pinwand	Man kann im Stehen wunderbar großflächig skizzieren! Ansonsten für Präsentationen etwas überdimensioniert	Kartenabfragen, Themenlisten und Bewertung. Vorbereitete Präsentationen mit Karten oder Mind-Maps. Interaktion mit den Teilnehmern.	Kartenabfragen, Themenlisten und Bewertungen. Vorbereitete Präsentationen mit Karten oder Mind-Maps. Interaktion mit den Teilnehmern. Auf Schriftgröße achten!	Kartenabfragen. Man braucht mehrere Wände. Themenlisten und Bewertungen. Vorbereitete Präsentationen mit Karten oder Mind-Maps. Interaktion mit den Teilnehmern. Auf große Schriftgröße achten!	Selbst jetzt noch können Sie Präsentationen machen. Sie brauchen eine Bühne, mehrere Pinwände, große Schrift sowie einfache und große Grafiken und Bilder.

Whiteboard mit/ohne A4-Ausdruck	Man kann im Stehen wunderbar großflächig skizzieren! Meistens unübersichtlich und schlechte Schrift. Sofortiges Fotokoll (Ausdruck) meistens unnötig.	Man kann im Stehen wunderbar großflächig skizzieren! Meistens unübersichtlich und schlechte Schrift. Sofortiges Fotokoll (Ausdruck) meistens unnötig.	Eher ungeeignet, da meistens nur ein Whiteboard mit eher kleiner Fläche – bereit steht. Allenfalls für Agenda, wenn Whiteboard zentral steht.	Völlig ungeeignet!	Schwamm drüber!
Diaprojektor	Lassen wir das!	Spielerei, Familiensofa-Atmosphäre!	Spielerei, Familiensofa-Atmosphäre! Aber: Man könnte ja auch eine „Light and Sound"-Show mit einem Dutzend Projektoren machen!	„Light and Sound"-Show mit einem Dutzend Projektoren	„Light and Sound"-Show mit einem Dutzend Projektoren
Overheadprojektor (lichtstark)	Übertrieben!	Etwas übertrieben!	OH-Projektor und Pinwand/Flipchart im Wechsel – super!	OH-Projektor passt hervorragend! Mit Pinwand/Flipchart im Wechsel!	OH-Projektor neben PC Presenter und Beamer sind die erste Wahl!
PC Screen	Als simples Präsentationsmedium ein wenig übertrieben (wenn 08/15 Folien). Für Demos empfehlenswert.	2-3 Leute für einen PC geht noch. Jeder könnte aber seinen eigenen PC haben und Sie steuern zentral. Sie verlieren, den Überblick über die Teilnehmer!	. Jeder könnte aber seinen eigenen PC haben und Sie steuern zentral. Sie verlieren, den Überblick über die Teilnehmer! Also eher ungeeignet!	Vergessen Sie das!	Vergessen Sie das! Denken Sie mal an den Aufwand! Das hätte etwas „Japanisches" an sich: vereinsamt hinter PC in einer Massenpräsentation!
Presenter mit Beamer	Absolut übertrieben!	Übertrieben! Allenfalls, um eine Video vorzuführen.	Sie können schon an einen Einsatz denken. Ein OH-Projektor täte es auch. Doch die Videos!	OH täte es auch. Beamer ist besser! Achtung aber auf Einschlaf(f)-Effekt! Videos! Oder gar Aufnahmen vom Publikum mit einer kleinen Kamera!	Wir haben das früher mit OH gemacht. Beamer ist besser. Videos und animierte Sequenzen beeindrucken, dürfen Ihre Präsentation jedoch nicht überstrahlen.

Abb. 4.13
Chichos-Übersicht
Quelle: Czichos, R.: Entertrainment für knowbodies. Bern 1999. S. 229-230

Zeit:

Unter dem Aspekt Zeit sind im Rahmen der Vorbereitung drei Punkte zu bedenken:

- Zeitpunkt der Veranstaltung: nicht zu früh und nicht zu spät, möglichst nicht in die Mittagspause oder den Abend hinein. Am besten ist der Zeitraum ab 9.00 oder ab 15.00.
- Dauer: solange wie nötig und so kurz wie möglich!
  - Pausen passend zur Spannungs- und Motivationskurve während der Präsentation einplanen.
- Nahrungsaufnahme (Imbiss / Trinken) und Toiletten klären. Sorgen Sie auf jeden Fall für Mineralwasser (mindestens für den Referenten!)

Einladung der Teilnehmer:

Zu jeder Einladung gehören folgende sechs Punkte:

- Thema,
- Ort und Raum,
- Zeitpunkt und Dauer,
- Präsentierende,
- gegebenenfalls Wegbeschreibung,
- Ansprechpartner für Rückfragen und Kontaktdaten.

Unterlagen für die Teilnehmer:

Alle Unterlagen sind rechtzeitig (d.h. mindestens drei Tage) vor Beginn der Präsentation fertig. Die Austeilung kann zu Beginn oder jeweils nach einem Themenwechsel oder zum Schluss erfolgen. Zu bedenken ist auf jeden Fall, dass eine Verteilung zu Unruhe führt. Die Teilnehmer wollen vielleicht auch kurz reinschauen oder Notizen machen. Möglicherweise ergeben sich auch Nachfragen aufgrund der Unterlagen. Räumen Sie dafür genügend Zeit ein.

Persönliche Vorbereitung:

Wenn Sie den Raum nicht kennen, versuchen Sie ihn vorher zu besichtigen. Verschaffen Sie sich einen Eindruck! So können Sie dafür sorgen, dass es ein „Heimspiel“ wird.

Überlegen Sie die Eingangsworte. Sie sind so genannte „Türöffner“, die die Aufmerksamkeit der Zuhörer sichern kann.

Machen Sie sich einen Spickzettel, auf dem der Ablauf notiert ist.

Versuchen Sie potentielle Störungen (Telefonate, fehlende Unterlagen, kein Strom für die Medien etc.) auszuschließen.

Und nicht zuletzt: Sorgen Sie für sich und ihre eigene Befindlichkeit

Tipp

Noch ein Tipp: machen Sie einen „Trockenlauf“, d.h. probieren Sie die Präsentation innerhalb des Vorbereitungsteams oder in einer kleinen Proberunde!

Durchführung einer Präsentation

Eine Präsentation besteht aus den Teilen

- Eröffnung,
- Hauptteil und
- Schluss.

Auf jeden dieser Teile können Sie sich entsprechend der nun folgenden Hinweise gut einstimmen.

Die Eröffnung

Die Eröffnung umfasst die Begrüßung, die Darstellung des Ziels und die Darstellung des (möglichen) Ablaufes der Veranstaltung.

1. Begrüßung,
2. Darstellung des Themas und des Ziels: „Wohin geht die Reise?",
3. Darstellung und Visualisierung des Ablaufes (Fahrplan), Hauptgliederungspunkte der Präsentation mit Nennung der beteiligten Referenten / Moderatoren nennen, zeitlichen Ablauf mit möglichen Pausen abstimmen und gegebenenfalls Teilnehmerunterlagen ankündigen. Möglicherweise bietet sich ein sogenanntes "Warming up" an, um die Gruppe aufnahmebereit für das folgende zu machen, Verkrampfungen zu lösen u.ä. Hierzu können Sie folgende Techniken verwenden:
   - Poesie oder Prosa zur Sensibilisierung,
   - Fragen stellen,
   - Aufforderung mitzudenken,
   - persönliche Betroffenheit herstellen,
   - persönlichen Nutzen herstellen,
   - provozieren z.B. in Form einer gewagten These oder Paradoxie...

Hinweise:

- Stimmen Sie sich positiv ein: Alles wird gut! Was auch immer geschieht, es ist ok, denn jetzt können Sie nichts mehr ändern!
- Beginnen Sie pünktlich!
- Vor dem Sprechen kommt der Blickkontakt. Zu Beginn suchen Sie sich zur eigenen Sicherheit ruhig eine bestimmte Person für den Blickkontakt aus. Später können Sie den Kreis erweitern.
- Verwenden Sie eine laute und deutliche Sprache!
- Verwenden Sie kurze Sätze!
- Kommen Teilnehmer zu spät, lassen Sie sich nicht aus dem Konzept bringen.
- Kommen dem Ablauf gemäß passende Fragen, ruhig darauf eingehen.
- Kommen Fragen, die besser an späterer Stelle Verwendung finden sollten, dies auch so offen sagen.

Nervosität ist normal! Am besten spricht man die Aufregung vorher kurz an. Nichts ist so hemmend wie der Versuch Nervosität zu überspielen!

Beispiel:

„Wir wollen Euch die Ergebnisse unseres Projektes „Integrative Spiele in der Natur" präsentieren. Ziel ist es, dass Ihr am Ende der Veranstaltung eine Übersicht über die Möglichkeiten von kindlichen Spielen in der Natur erhaltet und den Sinn von Naturspielen einschätzen könnt."

Zum Ablauf (eventuell auf Flip-Chart [Vorteil ist, dass der Ablauf die ganze Zeit präsent sein kann] oder auf Folie: in jedem Fall Visualisieren!)

„Zuerst wollen wir mit Euch in den Schulwald gehen, um einige Spiele mit Euch gemeinsam ausprobieren (warming up). ...

In einem zweiten Teil wird Anna ein Kurzreferat zum Thema „Kinderspiele heute" halten.

Im dritten Teil werden wir mit Euch gemeinsam die Lebenswelt von Stadtkindern erarbeiten. Das wird Ulrike übernehmen.

Nach einer kurzen Pause werden Markus und Michael wichtige Spielformen vorstellen.
Am Ende werden wir eine kurze Zusammenfassung geben und unsere wichtigsten Ergebnisse in Thesenform zur Diskussion stellen. Die Zusammenfassung könnt Ihr als Kopie mit nach Hause nehmen.

Unsere Präsentation wird ca. 60 Minuten dauern.
Die Moderation wird Klaus übernehmen. Klara wird protokollieren und als Zeitwächter fungieren. D.h. sie wird aufpassen, dass wir die einzelnen geplanten Zeiteinheiten auch einhalten. Gibt es noch Fragen zum Ablauf, Änderungswünsche?

Und nun wünsche ich uns viel Spaß!"

Der Hauptteil

Im Hauptteil der Präsentation stellen Sie Ihren Zuhörern das Thema systematisch vor. Hier ist oft weniger mehr! Dies bezieht sich sowohl auf die verwendeten Materialien, Visualisierungstechniken, das gesprochene Wort... Die Argumentation muss logisch aufgebaut sein, d.h. nachvollziehbar für die Teilnehmer sein. Zudem gibt es folgende Möglichkeiten, die Chance einer aufmerksamen Zuhörerschaft zu erhöhen:

- Sprechen Sie so frei wie möglich. Nichts ist ermüdender als das Ablesen von Texten. Und seien Sie ohne Sorge: Die Zuhörer werden es Ihnen danken! Wichtig ist nur, dass Sie eine Struktur haben, die nachvollziehbar ist (visualisieren!).
- Setzen Sie Ihre Stimme gezielt ein, verwenden Sie Betonungen, direkte Ansprachen und Humor.
- Bilden Sie kurze Sätze. Sonst weiß der Zuhörer am Ende nicht mehr wie der Satz angefangen hat.
- Verwenden Sie geläufige Wörter und möglichst wenig Fremdworte.
- Vermeiden Sie den Konjunktiv: „Ich WÜRDE sagen... ." Besser: „Ich sage... ."
- Reden Sie mit dem ganzen Körper aber ohne zu „tanzen".
- Benutzen Sie Stifte nicht zum Spielen mit den Fingern sondern zum Zeigen auf dem OHP.
- Zeigen Sie mit Ihrer Hand auf Tafeln, Pinnwände oder Wandzeitungen und nicht z.B. mit einem Stock, das ist persönlicher.
- Bei einem Versprecher brauchen Sie sich nicht gleich zu entschuldigen, Aufklären und richtig stellen reicht völlig aus.
- Haben Sie einen Blackout, so ist dies menschlich. Ansprechen und kurze Pause machen.
- Bieten Sie Abwechslung in den Medien.
- Gliedern Sie den Stoff in kurze Präsentationsabschnitte.
- Präsentieren Sie im Team (Wechsel von Sprache und Stimme);
- Geben Sie nach Abschluss eines Themenkomplexes eine kurze visualisierte Zusammenfassung.

Der Abschluss

„Der erste Eindruck ist entscheidend und der letzte bleibt!"
(Seifert 2011, S. 63)

Für den Abschluss einer Präsentation können folgende Aspekte wichtig sein: Geben Sie eine kurze Zusammenfassung über Inhalt und Weg der Präsentation. Was haben wir heute gemacht?

Falls eine Diskussion folgt, überlegen Sie, welche Eröffnungsfrage gestellt werden muss, um die Diskussion anzuregen. Bedenken Sie auch, welche Aussagen kommen könnten. Gegebenenfalls bereiten Sie Pro- und Contra-Argumente zu bestimmten Ansichten vor.

Falls Teilnehmer nun handeln sollen, nennen Sie diesen Appell und bieten Sie gegebenenfalls Unterstützung an.

Persönlicher Dank für das Zuhören und beste Wünsche für den Heimweg! Legen Sie sich eine treffende „Grußformel" zum Schluss zurecht.

In dieser Phase können Sie eine kurze Evaluation (Überprüfung) durchführen. Hat es den Zuhörern gefallen, sind die Informationen verstanden worden? Können sie etwas „mit nach Hause" nehmen?

Feedback

Für eine solche Evaluation bietet sich das so genannte „Feedback" an. Dies ist eine Möglichkeit für die Teilnehmer, anderen auf nicht verletzende Art und Weise nach bestimmten Regeln eine Rückmeldung über deren Verhalten und/oder Vortrag etc. zu geben.

Folgende Regeln liegen einem Feedback zugrunde: Ein Feedback soll im Allgemeinen...

- kurz,
- bewusst subjektiv (Ich-Botschaft, nicht „man"),
- beschreibend - nicht bewertend,
- konkret - nicht verallgemeinernd,
- realistisch - nicht utopisch,
- unmittelbar - nicht verspätet,
- erwünscht - nicht aufgedrängt,
- nicht zu viel auf einmal,
- positiv formuliert sein.

Für den Feedback-Nehmer gilt.

- über subjektives Empfinden (des Feedback-Gebers) lässt sich nicht diskutieren,
- aussprechen lassen,
- nicht verteidigen,
- Verständnisfragen sind erlaubt,
- sich bedanken.

Hinweis

Feedback ist kein Zwang zur Änderung!
Sie könnten sich auch irren!
Ihre Wahrnehmung ist eben nur Ihre Wahrnehmung!

Im Sinne einer Seminarevaluation kann man zwei Achsen des Feedbacks unterscheiden: einerseits bezogen auf die Stimmung, die Atmosphäre und andererseits bezogen auf die Inhalte. Man kann beide Aspekte auf ein Flipchart bringen und die Teilnehmer bitten, mit Hilfe von Klebepunkten Ihren Eindruck darzustellen.

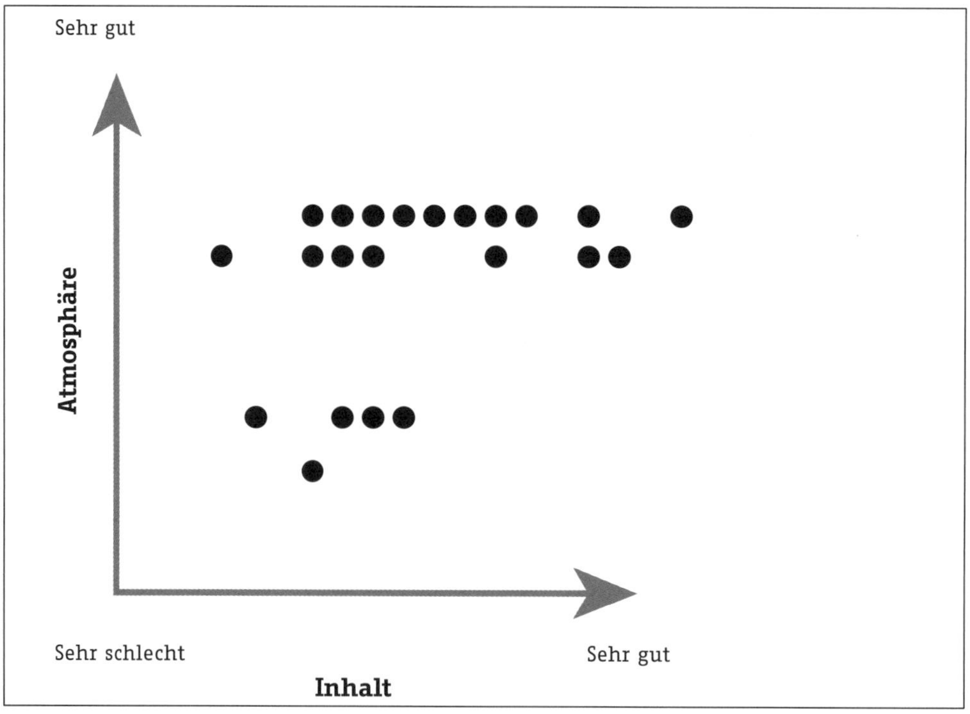

Abb. 4.14
Feedback-Tafel

Nachbereitung der Präsentation

Eine ausführliche Nachbereitung einer Präsentation ist die beste Voraussetzung für eine Perfektionierung Ihrer methodischen Fähigkeiten und Fertigkeiten. Hierzu können Sie die in der Abschlussphase erarbeiteten Feedbacks heranziehen und auswerten. Auch kann es hilfreich sein, Teilnehmer (am besten gute Freunde) direkt zu befragen und sie zu bitten eine Rückmeldung zu geben.

Stellen Sie sich zur Nachbereitung folgende Fragen:

- Ist die Zielsetzung erreicht worden? Wenn nicht, woran hat es gelegen?
- Stimmte die Auswahl der Teilnehmer?
- Hat sich der Ablauf bewährt?
- Ist die Eröffnungsphase gelungen?
- Gab es kritische Situationen im Hauptteil?
- Wie ist der Schluss gelungen?
- War die Organisation gut?
- War der Einsatz der Medien passend?
- War das Team der Präsentierenden eingespielt?
- Wie war der Kontakt zu den Teilnehmern?
- Was kann ich zum nächsten Mal verbessern? Wählen Sie hierzu nur einen kleinen Aspekt aus, das reicht. Vermeiden Sie Perfektionismus!

4.4 Einsatzmöglichkeiten

Elemente der Visualisierung, Moderation und Präsentation können Schule, Studium und Beruf bei vielen Gelegenheiten zum Zuge kommen. Immer, wenn es darum geht, ein umfangreiches Thema übersichtlich darzustellen, bei Diskussion und Vorstellungen von Ergebnissen ist es hilfreich, sich dieser Mittel zu bedienen.

5

5. Gedanken vortragen und Themen verschriftlichen

5.1 Allgemeine Hinweise zur Datensicherung und zum Zeitmanagement

In jeder Aus-, Fort- und Weiterbildung werden schriftliche Arbeiten verlangt. Protokolle, Berichte, Thesenpapiere und Hausarbeiten zählen zu den am weitesten verbreiteten schriftlichen Arbeitsformen, die auch im beruflichen Alltag eine große Rolle spielen können. Aber auch das mündlich vorgetragene Referat spielt eine immer größere Rolle. In diesem Kapitel wollen wir Unterschiede und Merkmale dieser Formen vorstellen und zugleich Hinweise für das Zitieren und das Layout schriftlicher Arbeiten geben.

!

„Alles, was schiefgehen kann, wird auch schiefgehen."
(„Whatever can go wrong, will go wrong") Murphys Gesetz

Tipp

Zwei Tipps vorweg (um Murphys Gesetz vorzubeugen):

Datensicherung: Bei allen Texten, Grafiken oder Bildern, die per Computer erstellt wurden, achten Sie bitte darauf, Ihre Daten auf unterschiedlichen Medien (externe Festplatte, USB-Stick, CD o.ä.) immer wieder zu sichern und an unterschiedlichen Orten aufzubewahren!

Zeitmanagement: Achten Sie grundsätzlich auf ein gutes Zeitmanagement. Das setzt voraus, dass Sie einigermaßen wissen, was für ein Arbeitstyp Sie sind. Gleichwohl gibt es ein paar Regeln, die hilfreich sein können:

- Sorgen Sie für einen positiven Tagesbeginn.
- Investieren Sie Zeit für die Planung – dadurch gewinnen Sie Zeit.
- Erledigen Sie immer nur eine Aufgabe zur Zeit.
- Beachten Sie Ihre persönliche Leistungskurve.
- Berücksichtigen Sie die Tagesstörkurve.
- Setzen Sie Prioritäten.
- Planen Sie Ihre Zeit schriftlich: Alle Aufgaben, Termine, Telefonate etc. aufschreiben (und nach Erledigung sichtbar durchstreichen!).
- Setzen Sie konkrete Ziele für den Tag / die Woche,...
- Planen Sie Ruhephasen ein.
- Planen Sie
  - 50% für geplante Arbeit,
  - 25% für Unvorhergesehenes,
  - 25% Spontaneitäten ein.
- Planen Sie ein extra Zeitfenster (nicht zu groß) für Telefonate, eMail, etc. ein.

Wenn Sie unzufrieden sind, machen Sie eine Zeitverlustanalyse: Was hat wie viel Zeit gekostet? Was war störend? Sind die Störungen nötig? Identifizieren Sie „Ihre" Zeitfresser: eMail, chatten, sich im Internet „verlieren", Perfektionismus, Unordnung, nicht NEIN sagen können, vieles gleichzeitig tun, etc.

Wer seine Ziele realistisch umsetzen möchte, sollte sich bei allen Aufgaben immer fragen:

- Warum überhaupt?
- Warum ich?
- Warum jetzt?
- Warum so?

Unterscheiden Sie dann Ihre Aufgaben hinsichtlich ihrer Dringlichkeit / Wichtigkeit und setzen Sie Prioritäten (so genannte Eisenhower-Regeln).

wichtig, nicht dringend Beispiel: Abschlussarbeit **To do:** gut planen	**wichtig, dringend** Beispiel: kurz vor Abgabe **To do:** kurzfristig bearbeiten
nicht wichtig, nicht dringend Beispiel: Gefälligkeiten, manche Mails **To do:** Nein-sagen, Papierkorb	**nicht wichtig, dringend** Beispiel: Telefon, Besuche **To do:** schnell erledigen!

Abb. 5.1 „Eisenhower-Regeln"

Bei zeitlich limitierten Arbeiten (Abgabetermin!) bitte immer Zeit für Korrekturlesung (Rechtschreibung und Grammatik müssen dem aktuellen Stand der Dinge entsprechen), Endausdruck und Bindung einplanen.

Planen Sie daher Ihre Zeit rückwärts vom Termin der Abgabe.

Und schließlich: **Feiern Sie Erfolge!**

(Vgl. dazu auch: Stickel-Wolf / Wolf 2011, S. 335ff.)

5.2 Das Protokoll

Begriff

Das Protokoll wird auch „Urliste" genannt, da es prinzipiell ein wahrheitsgetreues, neutrales Abbild des Ursprungs beispielsweise einer Sitzung darstellt. Es ist im eigentlichen Sinne ein Dokument. Es werden zwei Formen eines Protokolls unterschieden:

- Ergebnisprotokoll
- Verlaufsprotokoll

Das **Ergebnisprotokoll** fasst nur die Ergebnisse einer Sitzung oder eines Gespräches zusammen. Es ist die prägnanteste Form einer Niederschrift.

Das **Verlaufsprotokoll** dokumentiert den Verlauf einer Sitzung, die genauen Gesprächsinhalte (wer sagt was wann zu wem) und ist daher chronologisch gegliedert.

Die Beiträge einer Sitzung oder eines Unterrichts können auf verschiedene Weise notiert werden:

- Als wörtliche Wiedergabe der Beiträge mit Nennung der Namen (nur sinnvoll wenn man stenographieren kann oder ein Aufnahmegerät verwendet).
- Als sinngemäße Wiedergabe der Beiträge mit Nennung der Namen oder als
- paraphrasierende (Zusammenfassung des Textes, aber möglichst dicht am Original bleibend) Wiedergabe des Verlaufs einer Sitzung ohne Namensnennung.
- In jedem Fall ist ein Protokoll so abzufassen, dass es auch Dritte, die nicht anwesend waren, verstehen können.

Je nach Form gestalten sich Funktion und Struktur eines Protokolls unterschiedlich. Es können jedoch folgende allgemeingültige Hinweise gegeben werden:

Funktion

Die Funktion eines Protokolls ist die Dokumentation, d.h., die Reproduktion von Wirklichkeit. Ihr Bezug ist die mündliche Rede, bestenfalls in Form der wörtlichen Wiedergabe von Aussagen (z.B. beim Verlaufsprotokoll).

Struktur

Das Protokoll dokumentiert

- um welche Art von Veranstaltung es sich handelt,
- wer die Veranstaltung leitete, einberief oder organisierte (Verantwortlichkeit),
- das Thema der Veranstaltung,
- wann und wo die Veranstaltung stattfand (Tag, Monat, Jahr, Tageszeit von-bis, Ort),
- und die Anzahl der Teilnehmer (evtl. namentlich aufgeführt, Teilnehmerliste).

Darüber hinaus dokumentiert das Protokoll je nach Art:

- wer hat was wann gesagt (Verlaufsprotokoll) oder
- zu welchen Ergebnissen ist man gekommen (Ergebnisprotokoll),
- Datum und Protokollant.

Ergebnisprotokoll der Dienstversammlung der Kindertagesstätte Kunterbunt am 12.01.2010

Kindertagesstätte Kunterbunt/Mitarbeiterraum

14:00 - 16:00

Anwesende: Frau Meyer (Leitung), Frau Schulze, Frau Weber, Herr Knecht, Herr Müller (Protokoll)

Top 1: Annahme des Protokolls vom 12.12.2009

Top 2: Essensregelung: Es wird vereinbart, dass das Frühstück ab nächsten 1. als freies Frühstück zu gestalten ist.

Top 3: Elternarbeit: Es wird vereinbart, dass wir die nächste Fortbildung zum Thema Elternarbeit gestalten wollen. Frau Meyer wird sich binnen 14 Tagen um einen Referenten bemühen und die Möglichkeiten zur Finanzierung klären.

Top 4: Verschiedenes: Herr Müller lädt die Mitarbeiter zu einer Fortbildung zum Thema Sensorische Integration ein.

Ende der Sitzung: 15:45

Neustadt, 12.01.2010 Für das Protokoll: Unterschrift

Übung:
Fertigen Sie ein Ergebnisprotokoll einer der nächsten Sitzungen, an der Sie teilnehmen.

Verlaufsprotokoll der Mitarbeitersitzung des Kinder- und Jugendheims „Sonnenschein" (Ausschnitt)

Mittwoch 13.09.2003

13:00 - 14:00

Anwesende: Herr Kleinlich (Leitung), Frau Großzügig, Herr Mittich und Frau Grün (Protokoll)

Das alleinige Thema der Sitzung sind Unstimmigkeiten bezüglich der Ausgangsregelungen der Jugendlichen.

Herr Kleinlich weist ausdrücklich darauf hin, dass im Kinder- und Jugendheim Sonnenschein schon seit langem die Regelung gelte, dass alle Kinder und Jugendlichen um 20:00 Uhr im Hause sein müssen. Dies hätte sich bewährt und sei ohnehin eine pädagogisch sinnvolle Maßnahme.

Frau Grün erwidert, dass die Zeiten sich geändert hätten und es für knapp 18jährige Jugendliche nicht zumutbar sein auch am Wochenende um diese frühe Zeit zu Hause sein zu müssen. Sie hätten in den letzten Wochen und Monaten bewiesen, dass sie verantwortungsvoll mit Zeit umgehen könnten.

Frau Großzügig wies darauf hin, dass andere Jugendliche am Wochenende sogar erst um 23:00 Uhr losgingen.

5.3 Referat

Begriff

In einem Referat (Wiedergabe) soll der Referent in der Regel über von ihm gelesene Texte in einer strukturierten Form Auskunft geben.

Funktion

Die Funktion eines Referates ist der mündliche Vortrag über Inhalte, z.B. von Texten. Die Dauer eines Referates sollte ca. 20 Minuten nicht überschreiten (je nach Absprache mit Dozenten). Es sollte nach Möglichkeit frei gehalten werden. Ablesen ermüdet die Zuhörer und lähmt die Aufmerksamkeit. Zur Übung empfiehlt sich die Verwendung eines Videos oder Sie halten das Referat vor Bekannten oder Freunden. Verwenden Sie technische Hilfsmittel wie Overheadprojektor, Beamer oder Video, jedoch nicht zu häufig, da auch ein übermäßiger Einsatz von Visualisierungsmitteln den Fluss des Referates erheblich stören kann. (Zum Vortrag vergleichen Sie bitte Kapitel 4.3 „Präsentation".)

Ein schriftliches Referat (bzw. die Niederschrift eines mündlich gehaltenen Referates) sollte einen Umfang von ca. 10-15 Seiten haben. Im Wesentlichen geht es beim Referat um eine kurz gefasste Information und Reproduktion (keine Produktion, also nichts Neues!) Es enthält keine Bewertung und Interpretation und orientiert sich immer direkt an der Vorlage (z.B. dem Text). Eine persönliche Bewertung darf sich der Referent bestenfalls am Ende des Referates erlauben.

Struktur

Im Allgemeinen hat sich folgende Referatsstruktur als hilfreich erwiesen.

Äußerer Rahmen

Im Vorspann eines Referates sollten folgende Informationen enthalten sein:

- Thema (z.B. „Rechtliche Grundlagen von inklusiven Kindertageseinrichtungen"),
- Veranstaltung (z.B. „Einführung in die Heilpädagogik"),
- Referent,
- Ort / Datum (z.B. Fachakademie Niemandsort, 12.12.2010),
- Dauer (z.B. 45 Minuten),
- eventuelle Probleme (z. B. Umfang des Themas, Menge an Literatur).

Binnenstruktur

Die folgende Übersicht gibt Ihnen ein Beispiel für eine mögliche Gliederung für die Durchführung und schriftliche Ausfertigung eines Referates.

Grundsätzlich gilt, dass die Einleitung zu dem Kern der Ausführungen hinleitet und eine Problemskizzierung beinhaltet. Der Hauptteil widmet sich dem eigentlichen Thema. In dem Schlussteil können persönliche Stellungnahmen und ergänzende Hinweise gegebenen werden. Es schließt sich das Literatur- bzw. Quellenverzeichnis an.

Es sei darauf hingewiesen, dass es sich empfiehlt, aktivierende Elemente (z.B. kleine Arbeitsgruppenaufträge) mit einzubauen, Visualisierungsmöglichkeiten zu nutzen und Diskussionen zuzulassen bzw. (zeitlich) zu ermöglichen.

Ein Referat enthält folgende Strukturelemente:

- Titelblatt
- Inhaltsverzeichnis
- Einleitung
- Hauptteil
- Schluss
- Literatur-/Quellenverzeichnis
- Anhang

Das **Titel-Deckblatt** enthält folgende Angaben:

Seminar:	Einführung in die Heilpädagogik
Dozent:	Herr Maurer
Thema:	Rechtliche Grundlagen von inklusiven Kindertageseinrichtungen
Referent:	Norbert Müller
Ort / Datum:	Niemandsort, 12.12.2010

Abb. 5.2
Übersicht Titelblatt

Das **Inhaltsverzeichnis** befindet sich auf einer gesonderten Seite

1.	Einleitung
2.	Rechtliche Grundlagen
2.1	Das SGB IX (Rehabilitation und Teilhabe behinderter Menschen)
2.2	Das Kindertagesstättengesetz
3.	Ausgewählte Probleme
3.1	„Integration" von Kindern mit Behinderungen
3.2	Elternarbeit
4.	Schluss
4.1	Zusammenfassung
4.2	Thesen
5.	Literatur- / Quellenverzeichnis

Abb. 5.3
Inhaltsverzeichnis

Die **Einleitung** sollte folgende Aspekte enthalten:

- Darstellung des Problems,
- Fachliche Bedeutung,
- Bezug zur Veranstaltung,
- Informationsbeschaffung (wie, mit welcher Hilfe, mit welchen Problemen),
- Übersicht über den Gang der Argumentation (kurze Gliederungsübersicht).

Im sich anschließenden **Hauptteil** werden die einzelnen Gliederungspunkte Schritt für Schritt bearbeitet.

Der **Schluss** enthält die Aspekte „Zusammenfassung der Ergebnisse" und „Ausblick" sowie „offen gebliebene Fragen", „Thesen" und / oder eine persönliche, nachvollziehbare „Stellungnahme".

Zum **Literatur- / Quellenverzeichnis** gehören in der Regel ein kleines Basiswerk (z.B „Einführung in..."), ein „dickes" Standardwerk (soweit vorhanden), neuere Aufsätze aus Fachzeitschriften und / oder Sammelbänden sowie aktuelle Informationen (z.B. aus Fachzeitschriften, Zeitungen, Internet etc.).

In den **Anhang** gehören Abbildungen, Tabellen, Abkürzungsverzeichnis etc.

!

Alle Abbildungen haben eine Überschrift und eine Quellenangabe!

Tipp

Es empfiehlt sich die Erstellung eines Merkblattes (Handout, Thesenpapier) für alle Teilnehmer mit den wichtigsten Begriffen, Abbildungen, Literaturangaben, Thesen etc., so dass die Möglichkeit besteht, die Informationen nachzulesen, zu ergänzen und zu überprüfen.

5.4 Bericht

Begriff

Ein Bericht (mündlich und auch schriftlich) gibt umfassend Auskunft über subjektiv Erlebtes, beispielsweise den Besuch einer Kindertageseinrichtung oder ein Praktikum. Ursprung des Berichtes ist der Augenzeugenbericht.

Funktion

Ein Bericht liefert umfassende Information, ist eine Darstellung von Sachverhalten und bietet zugleich (im Gegensatz zum Referat) die Möglichkeit, – extra ausgewiesen und meist am Schluss - subjektive Eindrücke, Erlebnisse oder Empfindungen zu schildern. Er beinhaltet also Rechenschaft (Auskunft über sich selbst!) und richtet sich auf Meinungen, Theorien oder Handlungen. Im Wesentlichen werden Erlebnisse dargestellt und Wissen reproduziert (wiedergegeben). Ein Bericht wird im Präteritum (Vergangenheitsform: „Ich kam ...") geschrieben, wörtliche Rede – wenn überhaupt – im Konjunktiv I wiedergegeben und muss

- richtig,
- sachlich,
- vollständig,
- folgerichtig,
- wahrheitsgetreu,
- knapp, aber genau sein.

Ein Bericht bietet keine Problemlösung!

Struktur

Ein Bericht gliedert sich in die Abschnitte

- Einleitung,
- Hauptteil,
- Schluss.

In der **Einleitung** werden die wichtigsten Fakten genannt. Es werden sogenannte Muss-Informationen aufgeführt, die notwendig sind, um den gesamten Bericht zu verstehen. Hierbei kann man sich an den W-Fragen orientieren:

- Worüber? (Thema)
- Wo? (Ort)
- Wann? (Zeit)
- Wer? (handelnde Personen)
- Was? (Beschreibung der Handlung)

Im **Hauptteil** wird in zeitlicher Reihenfolge sachlich berichtet, was genau geschehen ist. W-Fragen:

- Was?
- Wie?
- Warum?

Bei der Auswahl der Inhalte kann es zudem hilfreich sein, zwischen Soll-Informationen (diese zusätzlichen Informationen erleichtern das Verständnis) und Kann-Informationen (Details, Beispiele etc.) zu unterscheiden, auszuwählen und zu gewichten.

Im **Schlussteil** kann über eventuelle Folgen und/oder Konsequenzen berichtet werden. W-Frage:

- Welche Folgen?

Abschließend gibt es die Möglichkeit, eine eigene Meinung zu ergänzen.

5.5 Thesenpapier / Handout

Begriff

Unter dem Begriff des Thesenpapiers werden hier zwei Darstellungsformen verstanden:
Das **Handout** und das eigentliche **Thesenpapier**

Funktion eines Handout

Ein **Handout** dient dazu, Informationen, die z.B. in einem Referat gegeben werden, für die Zuhörer zusammenzufassen, zu ergänzen, damit sie nachgelesen oder überprüft werden können. Es liefert den „roten Faden" eines Referates.

Struktur eines Handout

- Ein kleiner Kopf mit Angaben zur/zum Schule, Seminar, Klasse/Semester/Dozent, Referent, Ort und Datum,
- Thema des Referates,
- Inhalte in Stichworten / ggf. Gliederung,
- Definitionen,
- Stichwörter / Begriffe,
- Abbildungen / Tabellen,
- Literatur- und Quellennachweise.

Es empfiehlt sich, das Handout zu Beginn des Referates auszugeben, damit die Zuhörer Gelegenheit haben, Notizen hinzuzufügen.

Funktion eines eigenständigen Thesenpapiers

Die Funktion eines eigenständigen **Thesenpapiers** ist die prägnante Darstellung einer (persönlichen) Stellungnahme oder einer Beurteilung. Es verdeutlicht die eigene Meinung und ist ein Produktion (keine Reproduktion) und insofern etwas eigenständiges, selbst Erarbeitetes. Es dient nicht primär der Darstellung von Kenntnissen, sondern als Diskussionsgrundlage oder Provokation. Es sollte dem Umfang von einer Seite nicht überschreiten.

Struktur

Im Kopf des Thesenpapiers finden sich:

- Ein kleiner Kopf mit Angaben zur Schule, Seminar, Klasse/Semester/Dozent, Referent, Ort und Datum,
- Thema des Referates.

Die dann folgenden eigentlichen Thesen sind:

- kurz,
- durchnummeriert,
- prägnant,
- pointiert formuliert,
- logisch und aufeinander Bezug nehmend.

Das Th esenpapier wird in der Regel am Ende eines Vortrages ausgegeben und leitet eine Diskussion ein.

Fachschule für Heilpädagogik / Niemandsort

Klasse FSU 3
Niemandsort, 12.12.2002

Thesenpapier zum Seminar Wolter
„Probleme der Fort- und Weiterbildung", 14:00 - 15:00 Uhr

Thesen zum Thema: Fort- und Weiterbildung von Erzieherinnen

Von Hans Müller

These 1: Alle Erzieherinnen müssen sich verpflichten sich ständig fortzubilden.

These 2: Fort- und Weiterbildung müssen Teil des Berufes sein

These 3: Alle Einrichtungen müssen die Fort- und Weiterbildung ihrer Mitarbeiterinnen finanzieren.

These 4: Die Mitarbeiterinnen einer Einrichtung verpflichten sich, sich in ihrer Freizeit fort- und weiterzubilden.

These 5: Sie legen gegenüber ihrem Arbeitgeber detailliert Rechenschaft über diese Maßnahmen ab.

Abb. 5.4
Beispiel für ein Thesenblatt

5.6 Hausarbeiten

Begriff

Hausarbeiten dienen dazu, sich über einen längeren Zeitraum in schriftlicher Form mit einem speziellen Thema auseinanderzusetzen. In der Hausarbeit zeigt der Schreiber, dass er in der Lage ist, Texte und Informationen zu verarbeiten und zu verschriftlichen. Die Länge von Hausarbeiten ist sehr unterschiedlich, sollte aber nach unserer Auffassung 20 Seiten nicht überschreiten. Hier liegt ein Kriterium zur Abgrenzung zu Examensarbeiten und Facharbeiten vor, die mitunter länger sind.

Funktion

Die Funktion von Hausarbeiten liegt in der ausführlichen Auseinandersetzung mit einem spezifischen Thema und der Verschriftlichung

Struktur

Die Struktur von Hausarbeiten orientiert sich an folgenden Gliederungspunkten:

Abb. 5.5 Struktur/ Mustergliederung schriftlicher Arbeiten

Gliederungspunkt		**Bemerkungen**
Titelblatt		
eventuell Vorwort		Hier können Sie Dank an „hilfreiche Geister" sagen oder ähnliches.
Inhaltsverzeichnis / Gliederung:		
1.	Einleitung	Hier wird der rote Faden gesponnen. Im Rahmen der Aufgaben- oder Fragestellung werden der Anspruch und die Ziele der Arbeit festgelegt!
1.1	Problemstellung	Wo / was ist das Problem?
1.2	Zielsetzung	Was wollen Sie leisten?
1.3	Vorgehen	Wie wollen Sie das leisten?
(1.4	eventuell: Begriffsklärung)	Notwendig, wenn Fachbegriffe oder spezielle Termini verwendet werden
2.	Hauptteil	Die Gestaltung des Hauptteils richtet sich je nach Aufgaben- oder Fragestellung
3.	Schluss	Hier gibt es die Möglichkeit, alles auf den Punkt zu bringen und offene Fragen anzusprechen.
3.1	Zusammenfassung	Bitte kurz die Ergebnisse Ihres Hauptteils zusammenfassen. Stellen Sie einen Bezug zu der Einleitung her (Fragestellung).
3.2	Persönliche Stellungnahme / Reflexion	Was hat Sie bei dieser Arbeit bewegt, was haben Sie gelernt? Oder ähnliche Fragen können – müssen nicht – bearbeitet werden.
4.	Literatur-/Quellenverzeichnis	Bitte vollständig auf eine gesonderte Seite.
Anhang (z.B. Tabellen, Fotos, Abkürzungsverzeichnis)		ohne Seitenzahlen aber durchnummerieren (1, 2)

In der Gliederung ist üblicherweise die dekadische Klassifikation zu verwenden: 1., 2., 3.,... und kein Punkt nach der letzten Ziffer in der Gliederung zu setzen. Nach der Oberüberschrift (3. Schluss) folgt kein Text, sondern gleich 3.1 (Zusammenfassung). Man kann auch andere Klassifikationsverfahren benutzen wie z.B. eine Kombination von Buchstaben und Zahlen, sollte die gewählte Form jedoch in jedem Falle konsequent durchhalten.

Bei manchen Hausarbeiten wird (oft am Ende der Arbeit) eine sog. Ehrenwörtliche Erklärung verlangt wie z.B.:

„Ich versichere, dass ich diese Arbeit selbstständig verfasst, andere als die angegebenen Quellen und Hilfsmittel nicht benutzt und mich auch sonst keiner unerlaubten Hilfe bedient habe."

Datum Unterschrift

5.7 Layout

Die neuen Technologien wie z.B. PC, Beamer oder ähnliche bildgebende Verfahren ermöglichen eine Vielfalt an Darstellungsvarianten. Der Phantasie sind keine Grenzen gesetzt, diese setzt eher der Nutzer oder Zuhörer durch seine Aufnahmemöglichkeiten. Denken Sie also bei der Gestaltung eines Textes immer an den potentiellen Leser und seine Lese- bzw. Nutzungsgewohnheiten. Folgende Prinzipien können als Faustregeln gelten:

- Der Leser möchte durch den Text / die Rede „geführt" werden! Geben Sie Lesehilfen.
- Gestalten Sie die Übergänge zwischen den Kapiteln flüssig und nachvollziehbar! Formulieren Sie Überleitungen.
- Der Leser möchte nicht hin- und herblättern! (Gestaltung von Seitenumbrüchen, Fußnoten etc.)
- Der Leser liebt kurze Sätze!
- Der Leser liebt einfache Formulierungen und wenig Fremdwörter!

Grundsätzlich gilt, dass man sparsam mit den Möglichkeiten der elektronischen Datenverarbeitung umgehen sollte. Ein durch Tabellen, Grafiken o.a. unterbrochener Text kann schnell unruhig wirken und den Lesefluss hemmen. Auch lässt sich dann oft nicht mehr die Leistung des Autors erkennen. Im allgemeinen werden folgende Hinweise als sinnvoll erachtet:

- Schrift: Times / Arial / Helvetica,
- Schriftröße: 9 - 12pt,
- Überschriften 14pt und Fettdruck,
- Zeilenabstand: 1,5,
- Fußnoten: 10pt, Zeilenabstand einfach, beginnt mit Großbuchstaben und endet mit einem Punkt,
- Seitenränder: 3cm oben, unten, links, rechts,
- Seitenzahlen (Paginierung): arabische Ziffern, beginnend mit dem eigentlichen Text in der Fußzeile (zentriert oder rechtsbündig).
- Bitte keine einzelnen Zeilen eines Abschnittes am Seitenende / Seitenanfang – hier besser mit Zwangsumbrüchen arbeiten,
- Abkürzungen, außer denen des allgemeinen Sprachgebrauchs, werden bei der ersten Erwähnung ausgeschrieben, die Abkürzung in (Abk.) Klammern dahinter gesetzt.
- Hauptabschnitte beginnen auf einer neuen Seite.
- Blocksatz (kein Flatterrand) mit Silbentrennung.

Fußnoten sollten sehr sparsam verwendet werden. Es gilt folgender Merksatz:

Entweder eine Aussage gehört in den Text oder gar nicht hinein!

Wenn Sie Fußnoten verwenden, platzieren Sie sie bitte am Ende der Seite, nicht am Ende des Textes (Endnoten), da dies den Lesefluss ständig unterbricht.

5.8 Zitierung und Literaturangaben

Allgemeine Hinweise

Bei der Verwendung von Literatur bei Referaten, Berichten oder Hausarbeiten gelten folgende Richtlinien:

- Wenn möglich ist Primärliteratur zu verwenden!
- Wenn möglich ist neuere Literatur zu verwenden!

Achtung Plagiat!
Die Übernahme fremder Texte oder Bilder ohne einen entsprechenden Nachweis ist in der Regel strafbar (Urheberrechtsverletzung, Diebstahl geistigen Eigentums) und verstößt gegen Prüfungsordnungen oder Arbeitsverträge!

Besondere Hinweise zur Nutzung von Internetquellen

Das Internet liefert eine unübersehbare Fülle an Informationen und Dokumenten. Jedoch ist nicht jede Quelle gut oder zitierbar. Zitierfähig sind u.a. Seiten, die einen längeren Bestand vermuten lassen. Kurzlebige Zitate aus blogs u.ä. sind als Ausdruck im Anhang einer schriftlichen Arbeit zu dokumentieren.

Folgende Kriterien können zur Bewertung von Internetquellen hilfreich sein:

- Ist der Autor bekannt?
- Gibt der Autor seine Quellen vollständig und korrekt an?
- Ist der Text vollständig, lesbar, in seinem Ursprung erkennbar?
- Wer betreibt den Server (Universität o.ä.)
- Ist es eine kommerzielle (Werbung!) oder wissenschaftliche Seite?
- Ist die Seite aktuell und gut gepflegt (Rechtschreibfehler, funktionierende Links etc.)?

Spezielle Hinweise für Zitate aus der Wikipedia:

Als Recherche-Instrument ist die Online-Enzyklopädie durchaus geeignet, jedoch nicht als wissenschaftliche Quelle: „Der Inhalt ist nicht wie bei gebundenen Enzyklopädien von anerkannten Verlagen auf ihre Qualität geprüft, sondern wird frei durch die Web-Community befüllt. Sie sind also dazu angehalten, vor der Verwendung von Information aus Wikipedia die entsprechenden Originalquellen zu recherchieren." (Karmasin / Ribing 2011, S.102)

Darüber hinaus gelten folgende Regeln:

- Neue Artikel, die nur aus einem Absatz bestehen, lieber nicht zitieren.
- Über den link „Versionen / Autoren" lassen sich Änderungen verfolgen und nachvollziehen.
- Die „Diskussionsseite" hilft ebenfalls bei einer Bewertung.
- Die „Liste exzellenter Artikel", von Wikipedia selbst eingerichtet, soll wissenschaftlichen Standards genügen.

Zitate

Sinn und Form von Zitaten

Die Verwendung von Zitaten weist darauf hin, dass ein Autor sich intensiv mit der Literatur auseinander gesetzt hat und seine Aussagen belegen kann. Zitate müssen also nachprüfbar sein. Allerdings ist ein häufiges Zitieren kein Gütekriterium. Es gilt der Gesamtzusammenhang, in den das Zitat eingeflochten ist. Eine lose Aneinanderreihung von Zitaten ist nicht sinnvoll. Auch der Beginn eines Absatzes oder eines Kapitels mit einem Zitat ist nicht angezeigt. Ein Zitat sollte in den Text „eingebettet" sein. Ein guter Autor verwendet Zitate nur sehr sparsam und nur dann, wenn eine Wiedergabe mit eigenen Worten nicht oder kaum möglich ist.

Es gelten folgende Vorschriften für richtiges Zitieren:

- Zitate müssen eindeutig ihrer Quelle zuzuordnen, d.h. überprüfbar und nachvollziehbar sein.
- Zitate müssen zweckentsprechend sein!
- Direkte Zitate sind immer durch Anführungszeichen (Anfang und Ende) zu kennzeichnen.
- Direkte Zitate müssen genau sein (Interpunktion, Rechtschreibung, etc.).
- Alle Veränderungen in direkten Zitaten (z.B. fett, kursiv, unterstrichen, Auslassungen [...] etc.) sind entsprechend zu kennzeichnen (z.B.: „Hervorhebung im durch Autor").
- Zitate müssen immer unmittelbar, d.h. aus erster Hand sein. Ausnahmen sind entsprechend zu kennzeichnen (zit. n. = zitiert nach).

Hinweise zur Zitierung

Hinweis

Die folgenden Beispiele beziehen sich auf die Möglichkeit des Quellenverweises im Text. Denkbar wäre auch ein Quellenverweis in der Fußnote.

Wir können direkte und indirekte Zitate unterscheiden.

Ein **direktes Zitat** zeichnet sich dadurch aus, dass es original aus dem Urtext übernommen und entsprechend gekennzeichnet wird wie folgendes Beispiel zeigt:

„Viel verlässlicher werden die Zweifler und Skeptiker sein, nicht etwa weil Skeptizismus gut und Zweifel heilsam ist, sondern weil diese Menschen es gewohnt sind, Dinge zu überprüfen und sich ihre eigene Meinung zu bilden." (Arendt 1991, S. 35)

Ein **indirektes Zitat** dagegen verwendet zwar die Originalinhalte - allerdings leicht umformuliert. Dementsprechend sieht auch die Zitation anders aus:

Hannah Arendt, die deutsch-amerikanische Essayistin und politische Philosophin zieht als Resümee ihrer Erfahrungen mit dem Nationalsozialismus, dass sie sich auf die Zweifler und Skeptiker hat verlassen können, eben, weil diese es gewohnt sind nachzudenken und eine eigene Meinung zu bilden (vgl. Arendt 1991).

Auslassungen innerhalb eines direkten Zitates werden in (...) gesetzt.

Beispiel:

„Viel verlässlicher werden die Zweifler und Skeptiker sein (...) weil diese Menschen es gewohnt sind, Dinge zu überprüfen und sich ihre eigene Meinung zu bilden." (Arendt 1991, S. 35)

Wird eine Quelle direkt nacheinander **wiederholt zitiert**, so kann die Quellenangabe in verkürzter Form erfolgen (ebenda oder a.a.O. [= am angeführten Ort] bei gleicher Seitenzahl oder: (ebenda + Seitenzahl) bei gleicher Quelle, aber anderer Seite).

Beispiel für verkürzte Quellenangabe bei Verweis auf gleiche Seite, hier: Arendt 1991, S, 35:

„Die Voraussetzung für diese Art der Urteilsbildung ist (...) schlicht die Gewohnheit, ausdrücklich mit sich selber zusammenzuleben (....)." (ebenda)

Literaturverzeichnis

Grundsätzlich ist das Literaturverzeichnis in alphabetischer Reihenfolge bezogen auf die Nachnamen der Autoren zu erstellen. Am Ende einer jeden Quellenangabe setzen Sie einen Punkt.

Hinweis

Bei der Literaturangabe von Büchern gilt folgende Reihenfolge:

- Nachname
- Vorname (Kürzel)
- Titel
- Untertitel
- Erscheinungsort
- Erscheinungsjahr (eventuell mit Auflage, gekennzeichnet durch eine kleine hochgestellte Ziffer; Aktualisierungen, Erweiterungen etc. sind ebenfalls zu kennzeichnen)
- Sind der Erscheinungsort oder das Erscheinungsjahr nicht bekannt, bitte folgende Abkürzungen verwenden: (o.O. = ohne Ort / o.J. = ohne Jahr).

Beispiele:

Arendt, H.: Israel, Palästina und der Antisemitismus. Berlin 1991.

Rückriem, G./Stary, J./Franck, N.: Die Technik wissenschaftlichen Arbeitens. Paderborn, München, Wien, Zürich ^{4}1987.

Karmasin, M./Ribing, R.: Die Gestaltung wissenschaftlicher Arbeiten. 6. aktualisierte Auflage. Wien 2011.

Die Literaturangabe von Aufsätzen aus Zeitschriften beinhaltet ebenfalls der Reihe nach folgende Angaben:

- Nachname
- Vorname (Kürzel)
- Titel
- Untertitel
- Jahrgang (Jahr)Heftnummer
- Achtung: bei mehr als einer Veröffentlichung eines Autors in einem Jahr wird die eindeutige Zuordnung durch kleine Buchstaben im Anschluss an die Jahreszahl hergestellt.
- Vollständige Seitenangabe.

Beispiele:

Pudzich, V. / Stahlmann, M.: Regelmäßige Fortbildung für Erzieher/innen – Luxus oder Notwendigkeit. In: Kindergarten heute 24(1995a)3, S. 26–27.

Pudzich, V. / Stahlmann, M.: Brauchen ErzieherInnen Fort- und Weiterbildung? In: Unsere Jugend 47(1995b)8, S. 350–354.

Bei der Literaturangabe von online-Dokumenten sind folgende Angaben aufzuführen:

- Nachname
- Vorname (Kürzel)
- Titel
- Untertitel
- Internetadresse (URL)
- Abrufdatum.

Beispiel:

Schöler, Jutta: Gemeinsames Lernen für alle Kinder. Vortrag im Rahmen des Symposiums Recht auf Integration!? Am 24.03.2000 in Innsbruck. Online im Internet: URL: http://bidok.uibk.ac.at/texte/schoeler-lernen.html [Stand: 3.April 2000].

Werden allgemeine Webseiten zitiert, so erfolgt der Nachweis durch Angabe der gesamten URL + Tag des Abrufs.

Beispiel:

URL: http://www.bhponline.de/html/1600-aktuelles.php [18.02.2012].

5.9 Die Bewertung von schriftlichen und mündlichen Leistungen

Schriftliche Leistungen

Natürlich obliegt die Bewertung und die Erstellung von Bewertungsmaßstäben den jeweiligen Kolleginnen und Kollegen. Gleichwohl lassen sich aus den vorhergehenden Kapiteln Kriterien einer Bewertung herausarbeiten. Die Gewichtung dieser Kriterien kann allerdings sehr unterschiedlich sein. Folgende Aspekte können eine Rolle spielen:

- äußere Form / Layout,
- Ausdruck und sprachliche Richtigkeit (Rechtschreibfehler, Grammatik),
- Strukturierung und Aufarbeitung des Themas (Ziel ist gute Nachvollziehbarkeit),
- formale fachliche Standards (Zitierung, Literaturverzeichnis...),
- inhaltliche Substanz (Fachterminologie, Differenziertheit...),
- Qualität der Quellen und der verwendeten Literatur,
- Gestaltung und sinnvoller Einsatz der Medien und Gestaltungsinstrumente (Tabellen, Abbildungen etc.)

Die folgende Abbildung liefert ein mögliches Beispiel eines Bewertungsschemas für schriftliche Arbeiten.

Name:..
Titel der Arbeit:..

Organisation	**Punkte**	**Punkte**	**Punkte**	**Bemerkungen**	**Summe**
Thema	0	5	10		
Beratung	0	5	10		
Literaturauswahl	0	5	10		
Problemstellung	0	3	6		
Zielsetzung/Vorgehen	0	4	8		
Titelformulierung	0	3	6		
Ausarbeitung					
Aussagewert der Zitate	0	4	8		
Zitate verstanden	0	4	8		
Einordnung im Text	0	3	6		
Literaturnachweis	0	3	6		
Gliederung der Kapitel	0	4	8		
Text / Kapitelüberschrift	0	4	8		
Terminologie	0	4	8		
Eigene Ansichten	0	4	8		
Resultate					
Zielsetzung	0	5	10		
Themenbearbeitung	0	5	10		
Aussagwert der Kapitel	0	5	10		
Verarbeitung der Literatur	0	5	10		
Resumee	0	5	10		
Form					
Äußere Form	0	4	8		
Zitate/Literaturnachweis	0	4	8		
Stil	0	4	8		
Rechtschreibung	0	3	6		
Summen					

Abb. 5.6 Bewertungsschema für schriftliche Arbeiten

Mündlich-visuelle Leistungen

Erfahrungsgemäß ist es sehr schwer, mündliche Darbietungen zu bewerten. Natürlich können Sie die in den vorhergehenden Kapiteln vorgestellten Punkte als Kriterien verwenden, um eine Leistung zu bewerten. Darüber hinaus gibt es einige wenige Kriterien, an denen man sich orientieren kann:

- Souveränität des Vortragenden im Umgang mit dem Thema und den Medien,
- angemessene Sprechweise (frei, verständlich, lebendig, deutlich, nicht zu schnell, möglichst dialektfrei...),
- Einsatz von Fachtermini (nicht zu viel aber auch nicht zu wenig),
- integrierter und sinnvoller Einsatz der Medien,
- „Substanz" der Antworten bei Nachfragen und Einwänden,
- Vermittlung von Diskussionsimpulsen,
- Einbau von Zuhöreraktivierenden Methoden (z.B. Arbeitsgruppen).

Selbsteinschätzung

Die folgende Tabelle zeigt eine Möglichkeit für Schüler/-innen und / oder Lernende ein Selbsteinschätzung vorzunehmen.

Name:	zutreffend					
	voll	oft	manchmal	selten	fast nie	
	5	4	3	2	1	**Punkte**
Meine Beiträge brachten neue Gesichtspunkte in das Gespräch						
Ich habe mich aktiv in die Arbeit mit eingebracht						
Ich habe mich bei den praktischen Teilen aktiv beteiligt						
Ich habe Neues ausprobiert und mich neuen Herausforderungen gestellt						
Summe						

Abb. 5.7 Tabelle Selbsteinschätzung

6

6. Materialien

6.1 Stellungnahme und Gutachten

In der (heil-)pädagogischen Praxis sind personenbezogene Stellungnahmen oder Entwicklungsberichte zentraler Bestandteil professionellen Handelns. Begriffe wie Befundaufnahme, Entwicklungsbericht, Gutachten oder Diagnose werden dabei sehr unterschiedlich, zum Teil synonym gehandhabt, wobei zu beachten ist, dass der Begriff des Gutachtens in der Regel im Zusammenhang mit Psychologie, Psychiatrie, Recht und Sonderpädagogik verwendet wird. Gleichwohl kann man drei Formen einer Stellungnahme – je nach Auftrag - unterscheiden:

- darstellend („Bild" der Person z.B. bei Fallbesprechungen),
- urteilend oder Stellung nehmend (wenn es um Entscheidungen für weiterführende Maßnahmen geht,
- beratend (z.B. für Eltern oder Kollegen in der Beratung).

In diesem Zusammenhang ist zudem auf den Unterschied von Berichten (siehe auch oben) und Gutachten hinzuweisen:

Bericht	**Gutachten**
Beschreibend und dokumentierende Funktion	sonderpädagogische, psychologische, psychiatrische, medizinische oder juristische Aussagen, sofern sie auf empirisch gewonnen Daten beruhen
Entscheidungshilfe für Maßnahmen	Entscheidungshilfe und Grundlage für Maßnahmen
Grundlage für Gutachterarbeit	Ausgangspunkt: konkrete Fragestellung
Sachlich, nicht wertend	Methodisch korrekt erarbeitete Beurteilung psychischer, medizinischer, juristischer und / oder sozialer Erscheinungen
Knapp aber zusammenhängend	Beurteilung ist ‚meist stärker interpretativ und theoriegeleitet

Abb. 6.1 Gegenüberstellung Bericht / Gutachten

Ohne im Detail auf diese Thematik eingehen zu können folgen einige Materialien, die sich als hilfreich erwiesen haben. Aus pädagogischen Gründen verwenden wir hierbei den Begriff der heilpädagogischen Stellungnahme.

Grundsätzlich gilt, dass die einzelnen Befunde

- vollständig,
- allgemein verständlich,
- transparent,
- in der richtigen Zeitform,
- unter Verwendung eindeutiger Begrifflichkeit (ggf. sind Fachbegriffe zu erläutern),
- ohne Wertung und Interpretation,
- nachvollziehbar und
- strukturiert

darzulegen sind.

Im Rahmen der Qualitätssicherung einer pädagogischen Einrichtung sollte darauf geachtet werden, dass alle Schreiben, die das Haus verlassen ein einheitliches Layout aufweisen.

Auch muss aus datenschutzrechtlichen Gründen auf eine eventuelle Schweigepflicht(sentbindung) hingewiesen werden.

6.2 Mustergliederung einer heilpädagogischen Stellungnahme

1. Anlass der Stellungnahme / Name und Geburtsdatum des Klienten (Achtung: Datenschutz!)
2. Rahmenbedingungen (wie lange ist der Klient in der Einrichtung, wie und wann wurden die Daten / Informationen ermittelt: Beobachtung, Testverfahren, Informationen Dritter (z.B. Eltern)
3. [Diagnose (abhängig vom Anlass der Stellungnahme) – ggf. Vorbefunde]
4. Anamnese / Vorgeschichte
5. Aktueller Entwicklungsstand (unter Berücksichtigung der Stärken, Besonderheiten und Ressourcen sowie des Alters)
   - Wahrnehmungskompetenz,
   - sozial-emotionale Kompetenz,
   - kognitive Kompetenz,
   - Spielkompetenz,
   - kommunikative Kompetenz,
   - motorische Kompetenz
   - lebenspraktische Kompetenz,
   - ...
6. Lebensumfeld (Familie, soziales Netzwerk)
7. Zusammenfassung (heilpädagogische Diagnose)
8. Gegebenenfalls:
   Förderplan / Begleitkonzept unter Berücksichtigung von Zielen und geplanten / durchgeführten Maßnahmen
9. Interdisziplinäre Zusammenarbeit
10. Schlusswort

6.3 Leitfaden zum Erstellen einer heilpädagogischen Stellungnahme in Briefform

1.	Briefkopf	Vollständiger Name (evtl. Logo), Adresse, Telefon- und Faxnr., Internetadresse / eMail
2.	Adresse	Vollständige, korrekte Adresse, evtl. Name der / des Ansprechpartner/-in
3.	Datum	Datum, an dem der Bericht erstellt wird
4.	Nachrichtlich an	Unbedingt angeben, damit alle Beteiligten auf dem gleichem Informationsstand sind. Hierbei sind datenschutzrechtliche Aspekte zu berücksichtigen
5.	Anliegen / Betreff	Namen und Geb.-Datum des Klienten (Datenschutz berücksichtigen!) Anliegen (z.B. Entwicklungsbericht zum Antrag auf... / Abschlussbericht ...) Angaben über Berichts- bzw. Betreuungszeitraum
6.	Vorgeschichte / Anamnese	Enthält alle wichtigen Daten und Informationen, präzise und sachlich dargestellt. Ist nachvollziehbar und lückenlos, gibt genaue Hinweise auf verwendete diagnostische Verfahren und deren Ergebnisse
7.	Aktueller Entwicklungsstand	Vollständige und sachliche Beschreibung der Entwicklungsbereiche, Informationen über das System Familie bzw. das soziale Netzwerk
8.	Zusammenfassung / ggf. Empfehlung	Vorsicht bei Empfehlungen, die sich mitunter die zuständigen Behörden vorbehalten!
9.	Schlussformel	

Abb. 6.2 Leitfaden Stellungnahme

6.4 Zentrale Entwicklungs- und Kompetenzbereiche

Die folgende Übersicht ist eine exemplarische Zusammenstellung wichtiger Funktions- und Entwicklungsbereiche des Menschen – so, wie sie oft als Gliederungsmuster für Beobachtungen genutzt wird. Sie ist – je nach Alter des Klienten – modifizierbar. So lässt sich eine Erweiterung bei Schulkindern um den Bereich der Kulturtechniken, bei Jugendlichen / Erwachsenen um den der Partnerschaft denken.

1. Wahrnehmungskompetenz
   - Nahsinne
   - taktil
   - kinästhetisch-propriozeptiv
   - vestibulär
   - Fernsinne
   - olfaktorisch
   - gustatorisch
   - auditiv
   - visuell
2. Sozial-emotionale Kompetenz
3. Kognitive Kompetenz
4. Spielkompetenz
5. Kommunikative Kompetenz
   - pragmatisch-kommunikativ
   - semantisch-lexikalisch
   - morphologisch-syntaktisch
   - phonetisch-phonologisch
6. Motorische Kompetenz
   - Gesamtkörperkoordination (statisch – dynamisch)
   - Teilkörperkoordination (statisch – dynamisch)
   - Körperwahrnehmung
7. Lebenspraktische Kompetenz

6.5 Mustergliederung einer kurzen Fallpräsentation

Der Zeitrahmen einer kurzen Fallpräsentation im Rahmen von Fallbesprechungen sollte 10 Minuten nicht überschreiten. Eine Visualisierung ist oft sehr erwünscht (OHP, Tischvorlage ...). Im Folgenden werden zwei Vorgangsweisen exemplarisch vorgestellt:

Version 1:

1. Name und Alter des Kindes
2. Familiensituation (hier: formal, bitte korrekte Verwandtschaftsbezeichnungen!)
3. Wirtschaftliche und Wohnsituation
4. Entwicklungsgeschichte (zusammengefasst)
5. Vorliegende Diagnosen (einschl. heilpädagogische Diagnostik) – Kernaussagen – Quelle – Datum
6. Und: soweit vorliegend:
   Förderplan / Begleitkonzept / Empfehlung (begründet mit Bezug auf obige Daten)
7. Fragestellung

Version 2:

1. Name und Alter des Kindes
2. Familiensituation (hier: formal, bitte korrekte Verwandtschaftsbezeichnungen!!)
3. Wirtschaftliche und Wohnsituation
4. Rahmenbedingungen (wie lange ist der Klient in der Einrichtung, von wem wurde er „überwiesen", wie wurden die Daten / Informationen ermittelt, Testverfahren...)
5. Vorliegende Diagnosen - Kernaussagen
6. Anamnese / Vorgeschichte („harte" Daten)
7. Entwicklungsstand – Zusammenfassung der heilpädagogischen Beobachtungen
8. Ggf. Darstellung von Familiensystem und sozialem Netzwerk
9. Zusammenfassung (heilpädagogische Diagnose)
10. Förderplan / Begleitkonzept

6.6. Materialien zur Qualitätsentwicklung

6.6.1 Die SOFT-Analyse und SWOT-Analyse

Die SOFT-Analyse (Keller, Salzburg: www.filip-toolbox.de/media.php/3002/5944/filip_toolbox_222.pdf, Datum: 14.10.2012) ist ein sehr vielseitig einsetzbares Verfahren, was sich eignet, um die pädagogische Einrichtung weiterzuentwickeln oder um pädagogische Prozesse einschätzen zu können. Mit Hilfe der folgenden Leitfragen, die jeweils bedarfsorientiert verändert werden können, lassen sich methodisch die einzelnen Aspekte einer Fragestellung sehr gut erfassen. Beachten Sie hierbei Hinweise zu Visualisierung.

Leitfragen (Auswahl):

Satisfaktion: Was läuft gut, befriedigend, was ergibt gute Ergebnisse? Wo liegen unsere Stärken? Gegebenenfalls zu erweitern um Frage: warum läuft etwas gut.

Opportunities: Welche Möglichkeiten sehen Sie bezüglich z.B. der Weiterentwicklung der Kita oder Frühförderung? Wo liegen ungenutzte Chancen und Ressourcen? Welche besonderen Fähigkeiten bringen die Mitarbeiter/innen mit?

Faults: Wo liegen Fehler oder Schwachstellen? Welche Faktoren hindern uns an der Weiterentwicklung?

Threats: Welche bedrohlichen Entwicklungen kommen auf uns zu? Was passiert, wenn nichts passiert?

	Ist (Gegenwart)	**Soll (Zukunft)**
Positives (Chancen)	Satisfaction (Zufriedenheit)	Opportunities (Möglichkeiten)
Negatives (Risiken)	Faults / Failures (Fehler / Fehlschläge)	Threats (Gefahren)

Abb. 6.3
Leitfragen SOFT-Analyse

Diese Fragen lassen sich sowohl in Einzelarbeit, Kleingruppe und Plenum bearbeiten. Sinnvoll ist – je nach Größe der Gruppe – eine Staffelung, wobei in der Kleingruppenphase die Ergebnisse wiederum gebündelt und gewichtet (und dadurch anonymisiert!) werden. Wichtig dabei ist der Hinweis, dass die Ergebnisse entsprechend klar und eindeutig formuliert und visualisiert werden. Auch sollte ein Zeitlimit (ca. 15 Min. für die Einzelarbeit, 30 Min. für die Gruppenarbeit) vereinbart werden, um unnötige zeitraubende Diskussionen schon in der Erarbeitungsphase zu vermeiden. Im Plenum werden die Ergebnisse der Kleingruppen wieder zusammengefasst und abschließen ggf. mit einer Punkteabfrage bewertet (Fragehaltung: was ist uns wichtig, heute zu bearbeiten?).

Mögliche Frageformulierungen:

- **Stärken**
  - Darauf sind wir stolz.
  - Das sind unsere Stärken.
  - Darauf können wir bauen.
- **Chancen**
  - Das sind unsere Möglichkeiten.
  - Das sollten wir nutzen.
  - Da lohnt es sich zu investieren
- **Probleme**
  - Daran müssen wir arbeiten.
  - Das behindert unsere Arbeit
- **Gefahren**
  - Welche ungünstigen oder bedrohlichen Entwicklungen kommen auf uns zu oder müssen von uns wachsam beobachtet werden?
  - Was geschieht wenn nichts geschieht

Auswertung:

Es empfiehlt sich, die Auswertung schwerpunktmäßig auf die positiven Aspekte (Chancen) zu legen. Ein „Versinken" in Risiken führt in der Regel zu Frustration. Gleichwohl ist die Bewusstmachung von Gefahren und Fehlern zumindest für die Leitungskräfte wichtig. Zudem haben die Teilnehmer/innen die Chance, ihre kritischen Anmerkungen zu nennen.

Im Sinne einer zielführenden, zukunftsorientierten Organisationsentwicklung sollte die Analyse unter zwei Überschriften stehen:

- Darauf können wir stolz sein! Das haben wir geschafft!
- Das sind die nächsten Schritte! Darauf lohnt es sich, hin zu arbeiten!

Das Ende einer solchen Analyse sollte mit verbindlichen Absprachen beendet werden - ganz nach dem Muster (s. auch oben):

	Name / Aufgabe / Zeitfenster	**erledigt**	**Rückmeldung an....**
Wer...			
... macht was			
... mit wem			
... bis wann			
Überprüfung			

Abb. 6.4
Muster SOFT-Analyse

Die SOFT-Analyse ist verwandt mit der sogenannten „SWOT" Analyse. Die vier Buchstaben "SWOT" stehen dabei für:

- **S** = Strengths (Stärken)
- **W** = Weaknesses (Schwächen)
- **O** = Opportunities (Möglichkeiten)
- **T** = Threats (Gefahren, Bedrohung, Risiken)

Ein Unterschied besteht darin, dass die SOFT-Analyse meist für Evaluationen eingesetzt wird, während die SWOT-Analyse die Strategieentwicklung unterstützt (vgl. http://www.projektmagazin.de/glossarterm/swot-analyse, Datum: 14.10.2012).

SWOT		**interne Sicht (Team, Unternehmen, Produkt)**	
		Strengths (Stärken)	**Weaknesses (Schwächen)**
externe Sicht (Aufgabe, Wettbewerb, Markt)	**Opportunities (Möglichkeiten)**	Mit den eigenen Stärken bestehende Chancen nutzen.	Eigene Schwächen beseitigen, um bestehende Chancen zu nutzen.
		z.B. mit bestehendem Produkt einen neuen Absatzmarkt erschließen	z.B. neues Produkt entwickeln, um Kundenanforderung zu erfüllen
	Threats (Bedrohungen)	Mit eigenen Stärken bestehende Gefahren abwehren.	Eigene Schwächen beseitigen, um drohende Gefahren bestehen zu können.
		z.B. durch Werbung für bestehendes Produkt einen neuen Wettbewerber zurückdrängen	z.B. Qualitätsmängel des eigenen Produktes beheben, um einen Wettbewerber zurückzudrängen

Abb. 6.5
SWOT-Analyse
http://www.projektmagazin.de/glossarterm/swot-analyse

6.6.2 SMART-Analyse

Nach einer SOFT-Analyse oder auch in anderen Zusammenhängen wie einem Projektmanagement (vgl. Kapitel 5.5) ist es manchmal notwendig, Ziele z.B. für weitere Schritte zu formulieren. Hier bietet sich die so genannte SMART-Analyse an, die hilft, möglichst konkrete Vorgaben zu erarbeiten. Die einzelnen Buchstaben stehen für

Specific	= Spezifisch – Ziele müssen eindeutig formuliert sein.
Measurable	= Messbar – Ziele müssen messbar sein (wer, was, wann, wie viel ...).
Achievable	= Angemessen – Ziele müssen prinzipiell erreichbar sein (Ressourcen!).
Relevant	= Realistisch – Ziele müssen für den Zweck bedeutsam und realistisch sein.
Timely	= Terminiert – Ziele müssen innerhalb eines definierten Zeitfensters erreichbar sein.

„Ziele lassen sich nur dann klar und konkret definieren, wenn die fünf Bedingungen der SMART-Analyse erfüllt sind. Über die konsequente Anwendung erhält man klare und vor allem messbare und überprüfbare Ziele. (...)

Wichtig ist es, definierte Ziele und die abgeleiteten Aufgaben schriftlich zu fixieren. Nur über den Abgleich (Meilensteine) ist es möglich, sowohl die inneren Entwicklungen als auch die Verläufe im Prozess abzugleichen und gegebenenfalls Korrekturschritte einzuleiten."

(http://www.coaching-berlin-report.de/strategisches-personalman agement/smart-analyse-zur-zieldefinition-im-prozessmanagement.html - 04.05.2012)

7

7. Literatur

Angermaier, G.: SWOT Analyse. http://www.projektmagazin.de/glossarterm/swot-analyse (Abruf: 11.06.2012)

Bach, H.: Was unterscheidet Heilpädagogik in theoretischer und praktischer Hinsicht von anderer Pädagogik? In: Vierteljahresschrift für Heilpädagogik und ihre Nachbargebiete 64(1995)2, 159-165.

Czichos, R.: Entertrainment für knowbodies. Bern 1999.

Frey, K.: Die Projektmethode. Weinheim / Basel 1993 (5. ergänzte und überarb. Aufl.), 12. Neu ausgestattete Aufl. 2012.

Karmasin, M. / Ribing, R.: Die Gestaltung wissenschaftlicher Arbeiten. 6. aktualisierte Auflage, Wien 2011.

Köhn, W.: Heilpädagogische Erziehungshilfe und Entwicklungsförderung. Heidelberg 1998.

Ondracek, P. / Trost, A.: Berufsidentität und Berufsfeld von Diplom-Heilpädagogen. Ein Beitrag zum Selbstverständnis der Heilpädagogik. In: Sonderpädagogik 28(1998)3, 132-139.

Pitsch, H.-J.: Zur Didaktik und Methodik des Unterrichts mit Geistigbehinderten, Oberhausen 2002.

Pudzich, V. / Stahlmann, M.: Was leistet Heilpädagogik? In: bhp Info 17(2002a)3, S. 15-17.

Pudzich, V. / Stahlmann, M.: Was leistet Heilpädagogik? In: Sonderpädagogik in Schleswig-Holstein 31(2002b)2, S. 92-96.

Pudzich, V. / Stahlmann, M. : Auf dem Bildungsweg begleiten. Theorie und Praxis einer berufsbegleitenden heilpädagogischen Weiterbildung. Kiel 2003.

Seifert, J.W.: Visualisieren, Präsentieren, Moderieren. 30., völlig überarbeitete Neuauflage, Offenbach 2011.

Rückriem, G. / Stary, J. / Franck, N.: Die Technik wissenschaftlichen Arbeitens. Paderborn, München, Wien, Zürich (Schöningh) 41987.

Speck, O.: Die Ökonomisierung sozialer Qualität. München 1999.

Spiegel, H.v.: Methodische Hilfen für die Gestaltung und Evaluation des Prozesses der Zielfindung und Zielformulierung im Hilfeplanverfahren. Expertise zum Projekt „Familiäre Bereitschaftsbetreuung“. DJI-Arbeitspapier Nr. 5-158. München 2000.

Spiegel, H.v.: „Nur wer Ziele hat, kann auch welche erreichen: Ziele formulieren und operationalisieren in der Hilfeplanung. Vortragsmanuskript. Münster 2003.

Spiegel, H.v.: Methodisches Handeln in der sozialen Arbeit. München 2004.

Stahlmann, M.: SGB IX als Herausforderung für die Heilpädagogik. In: BHP-Info 17(2002)1, S. 44-47.

Stickel-Wolf, C. / Wolf, J.: Wissenschaftliches Arbeiten und Lerntechniken. Erfolgreich studieren – gewusst wie! Wiesbaden 6. Auflage, 2011.

Internetquellen:

www.coaching-berlin-report.de/strategisches-personalmanagement/smart-analyse-zur-zieldefinition-im-prozessmanagement.html - 04.05.2012

www.filip-toolbox.de/media.php/3002/5944/filip_toolbox_222.pdf - 04.05.2012

http://www.projektmagazin.de/glossarterm/swot-analyse - 11.06.2012

StD Dr. phil. Martin Stahlmann (Dipl.-Päd.)

- * 1959, verh. 2 Kinder (w 16, w 12)
- Studium Erziehungswissenschaften/Schwerpunkt Sozialpädagogik in Hildesheim/Kiel (Dipl.-Päd.)
- mehrjährige berufliche Praxis in der Jugendhilfe/Heimerziehung
- Tätigkeit an der PH Kiel und Universität Fribourg/Schweiz als wissenschaftlicher Angestellter/Promotion (Dr. phil.)
- Studienrat an den Fachschulen für Sozialpädagogik/Heilpädagogik in Neumünster
- Abgeordnete Lehrkraft am Heilpädagogischen Institut der Christian Albrechts-Universität zu Kiel, Abteilung Pädagogik bei Verhaltensstörungen / Erziehungshilfe
- Seit 2003 Leiter der Abteilung Heil- und Sonderpädagogik am Regionalen Berufsbildungszentrum der Stadt Neumünster AöR, Elly-Heuss-Knapp-Schule - Europaschule

StD Dr. sc. paed. Volker Pudzich

- * 1961, verh. 3 Kinder (w 18, w 16, m 14)
- Studium Lehramt Sonderpädagogik/Sport, Sek. II in Köln und Dortmund, Lehramt berufliche Schulen, Pädagogik/Psychologie
- berufliche Praxis als Sonderschullehrer
- Studienrat an den Fachschulen für Sozialpädagogik/Heilpädagogik in Neumünster
- Abgeordnete Lehrkraft an das Sportinstitut der Christian Albrechts Universität zu Kiel
- bis 2003 Leiter der Abteilung Heil- und Sonderpädagogik am Regionalen Berufsbildungszentrum der Stadt Neumünster AöR, Elly-Heuss-Knapp-Schule – Europaschule
- seit 2003 Schulleiter des Marianum Hegne, Zentrum für Bildung und Erziehung, Private katholische Schule in Allensbach am Bodensee

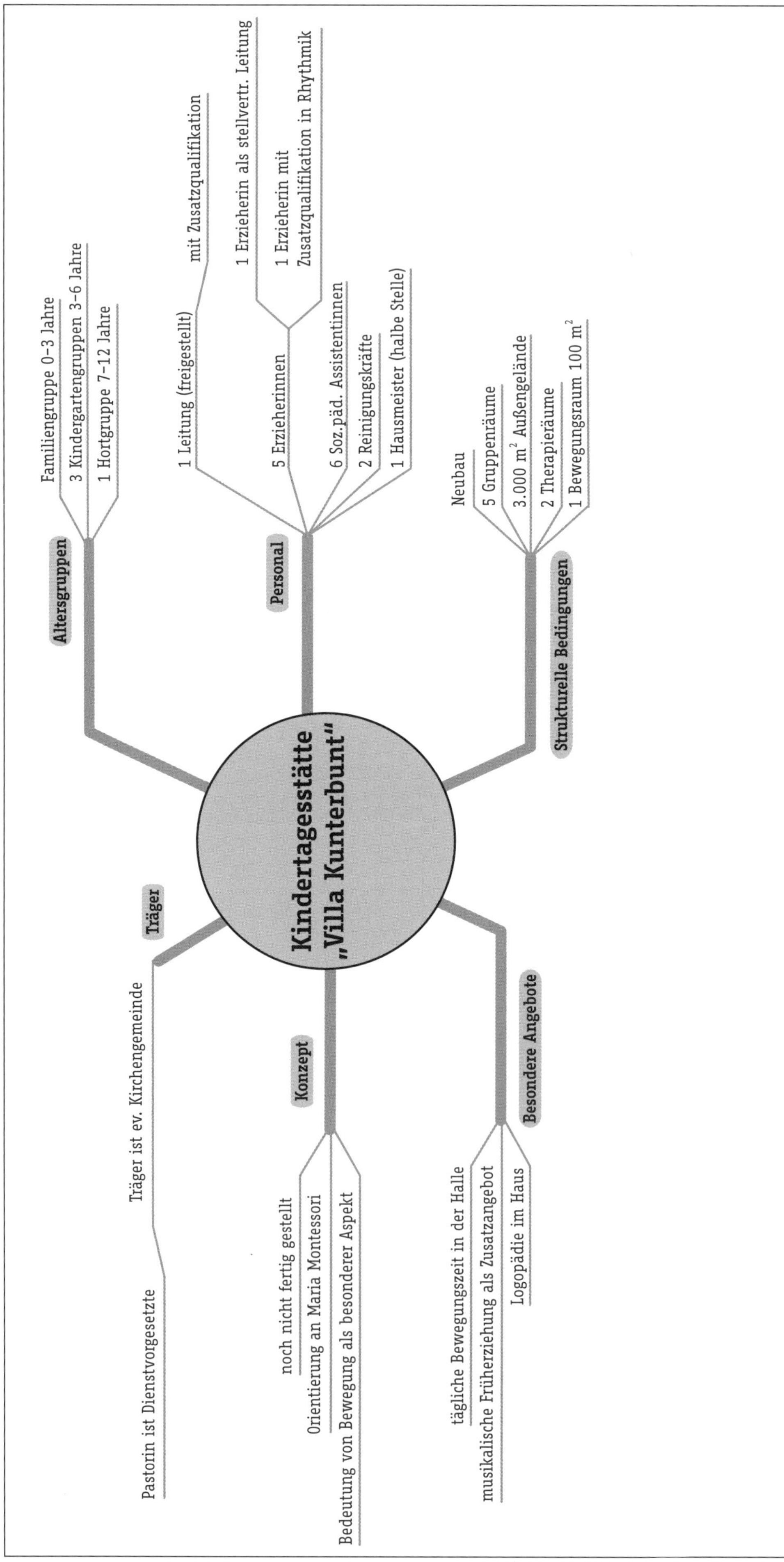

Abb. 3.7
Zweiter Schritt zum Thema „Kindergarten"

(zu S. 37)

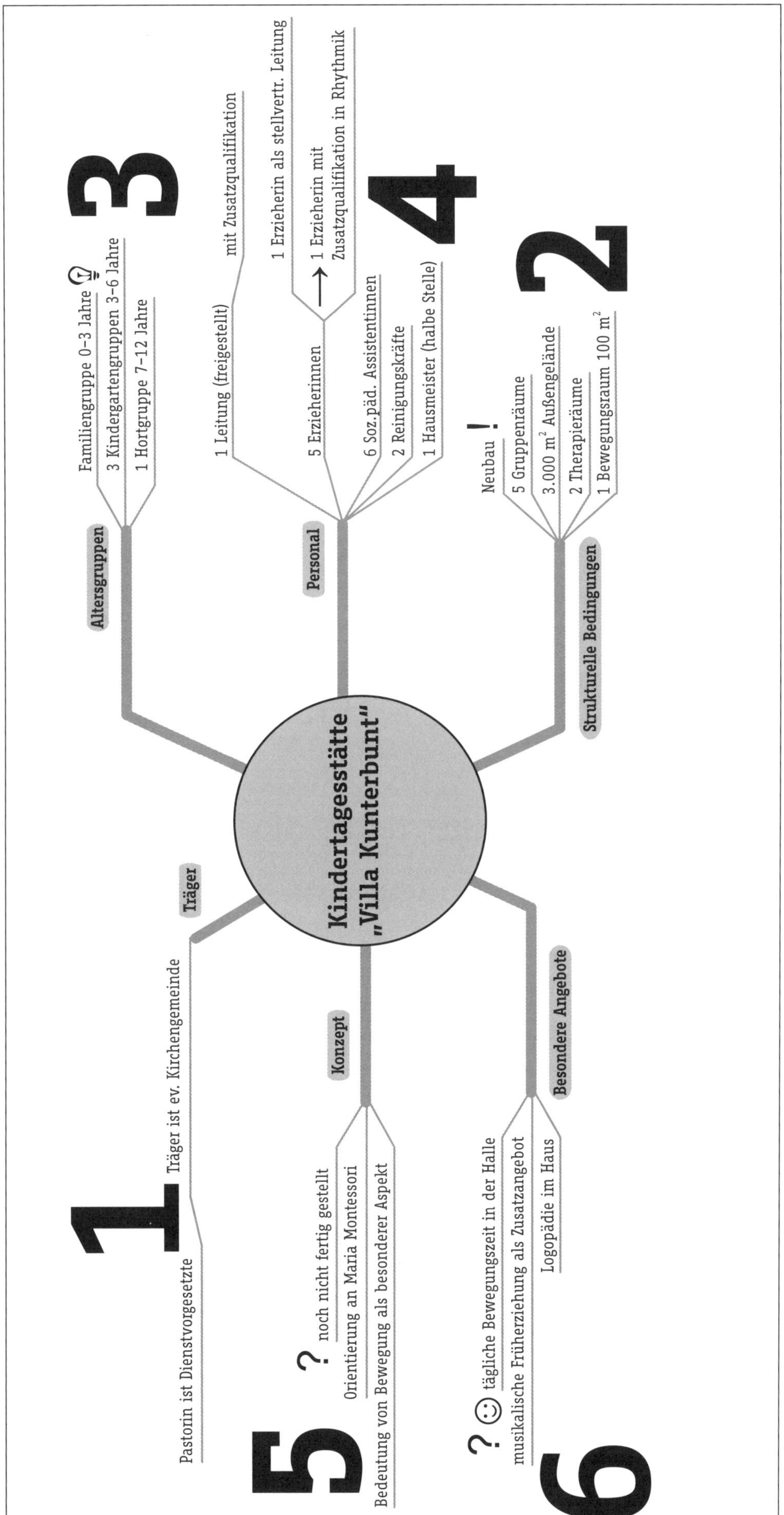

Abb. 3.8
Dritter Schritt zum Thema „Kindergarten"

(zu S. 37)

Demnächst im BHP Verlag erhältlich:

„Heilpädagogische Diagnostik – Erkenntniswege zum Menschen"

Mit Beiträgen von Wolf Bloemers, Armin Sohns, Uwe Uhlendorf, Barbara Romeo, Dieter Lotz, Wolfgang Jantzen und vielen mehr.

Erscheinungstermin voraussichtlich
März 2013, ca. 200 Seiten
Preis: ca. 15,00 € zzgl. Versandkosten

Vorbestellungen möglich via Email an info@bhpverlag.de

Informieren Sie sich über die aktuellen Verlagsprodukte unter www.bhpverlag.de

„Heilpädagogische Familienhilfe – Ein neues Konzept für die Jugendhilfe" (Arbeitstitel)

Praxisbuch zu neuen Ansätzen heilpädagogischer Maßnahmen in der ambulanten Jugendhilfe. Mit Vorwort von Prof. Dr. Dieter Lotz.

Erscheinungstermin voraussichtlich
Juni 2013, ca. 100 Seiten
Preis: ca. 12,00 € zzgl. Versandkosten

Vorbestellungen möglich via Email an info@bhpverlag.de